民法典知识题集

企业专用版

《民法典知识题集》编写组 编

中国法制出版社
CHINA LEGAL PUBLISHING HOUSE

编写说明

《中华人民共和国民法典》已由第十三届全国人民代表大会第三次会议于2020年5月28日通过，2021年1月1日起施行。

加强民法典普法工作，是实施好民法典需要重点做好的工作之一。为配合民法典的普法宣传，我们组织编写了这本《民法典知识题集（企业专用版）》，从习题的角度为企业人员学习、掌握民法典相关知识提供帮助。本书具有以下特点：

一是编排合理。全书以民法典的立法体例为基础，根据企业的特点，编排专题内容。同时，本书采用单数页试题，双数页答案的版式，减少翻找答案的时间，更快更准地学习民法典。

二是重点覆盖。全书通过不同题型的设置和解析，重点覆盖涉及企业的民法典的条文，力争通过习题和解析熟悉了解民法典的相关知识。

三是题型丰富。全书每个专题都设置判断题、单选题、多选题和填空题，个别专题适当设置了简答题。

四是解析到位。全书习题都附有答案解析，部分习题特别是填空题的解析，出于节省篇幅考虑，只列出答案和条文序号，读者可以对照检索查阅。

五是难度适中。全书习题设置避免难题、偏题、怪题，习题和解析有民法典法律条文做依据，帮助读者学习掌握。

本书适合企业人员阅读或者组织相关培训配套使用。希望本书的出版能够有助于引导广大企业人员充分认识到民法典既是保护自身权益的法典，也是其必须遵循的规范，养成自觉守法的意识，形成遇事找法的习惯，培养解决问题靠法的意识和能力。

民法典是我国法律体系中条文最多、体量最大、编章结构最复杂的一部法律。由于时间和水平有限，不足之处在所难免，敬请广大读者批评指正。

《民法典知识题集》编写组

2021年6月

目录

专题一

民法典的灵魂——基本原则[①]

一、判断题

1. 民事主体从事民事活动，应当遵循诚信原则，秉持诚实，恪守承诺。(　　)
2. 民事主体从事民事活动，应当有利于节约资源、保护生态环境。(　　)
3. 处理民事纠纷，应当适用习惯，但是不得违背公序良俗。(　　)

二、单项选择题

1. 民事主体从事民事活动，应当遵循(　　)原则，合理确定各方的权利和义务。

   A. 自愿　　B. 公平　　C. 诚信　　D. 公序良俗

2. 民事主体从事民事活动，应当遵循(　　)原则，秉持诚实，恪守承诺。

   A. 自愿　　B. 公平　　C. 诚信　　D. 公序良俗

三、多项选择题

我国民法的基本原则有：(　　)

A. 平等、自愿、公平原则　　B. 诚信原则

C. 守法与公序良俗原则　　D. 绿色原则

① 本书采用单数页试题、双数页答案的格式排版。

参考答案

一、判断题

1. √，解析：根据《民法典》第 7 条规定。
2. √，解析：根据《民法典》第 9 条规定。
3. ×，解析：根据《民法典》第 10 条规定，处理民事纠纷，应当依照法律；法律没有规定的，可以适用习惯，但是不得违背公序良俗。

二、单项选择题

1. B，解析：根据《民法典》第 6 条规定，民事主体从事民事活动，应当遵循公平原则，合理确定各方的权利和义务。
2. C，解析：根据《民法典》第 7 条规定，民事主体从事民事活动，应当遵循诚信原则，秉持诚实，恪守承诺。

三、多项选择题

ABCD，解析：根据《民法典》第 4 条至第 9 条规定，我国民法的基本原则包括平等原则、自愿原则、公平原则、诚信原则、守法与公序良俗原则以及绿色原则。

四、填空题

1. 民事主体从事民事活动，应当遵循自愿原则，按照自己的意思____、____、____民事法律关系。
2. 民事主体从事民事活动，不得违反____，不得违背____。

五、简答题

简述我国民法的基本原则。

四、填空题

1. 设立；变更；终止。(《民法典》第5条)

2. 法律；公序良俗。(《民法典》第8条)

五、简答题

答：根据《民法典》第4条至第9条规定，我国民法的基本原则有：平等原则、自愿原则、公平原则、诚信原则、守法与公序良俗原则和绿色原则。

1. 平等原则是指，民事主体在民事活动中的法律地位一律平等。

2. 自愿原则是指，民事主体从事民事活动，应当遵循自愿原则，按照自己的意思设立、变更、终止民事法律关系。

3. 公平原则是指，民事主体从事民事活动，应当遵循公平原则，合理确定各方的权利和义务。

4. 诚信原则是指，民事主体从事民事活动，应当遵循诚信原则，秉持诚实，恪守承诺。

5. 守法与公序良俗原则是指，民事主体从事民事活动，不得违反法律，不得违背公序良俗。

6. 绿色原则是指，民事主体从事民事活动，应当有利于节约资源、保护生态环境。

专题二

法律上拟制的人——法人

第一讲　法人的一般规定

一、判断题

1. 法人是具有民事权利能力和民事行为能力，依法独立享有民事权利和承担民事义务的组织。(　　)
2. 法人的民事权利能力和民事行为能力，从法人成立时产生，到法人清算时消灭。(　　)
3. 法人承担民事责任后，依照法律或者法人章程的规定，可以向法定代表人追偿。(　　)
4. 法人存续期间登记事项发生变化的，应当依法向登记机关申请变更登记。(　　)
5. 法人的实际情况与登记的事项不一致的，不得对抗相对人。(　　)
6. 法人合并的，其债务仍由合并前的法人承担。(　　)
7. 法人依法被吊销营业执照、登记证书，被责令关闭或者被撤销的，法人解散。(　　)
8. 清算结束并完成法人注销登记时，法人终止。(　　)

参考答案

一、判断题

1. √，解析：根据《民法典》第 57 条规定。
2. ×，解析：根据《民法典》第 59 条规定，法人的民事权利能力和民事行为能力，从法人成立时产生，到法人终止时消灭。
3. ×，解析：根据《民法典》第 62 条第 2 款规定，法人承担民事责任后，依照法律或者法人章程的规定，可以向有过错的法定代表人追偿。
4. √，解析：根据《民法典》第 64 条规定。
5. ×，解析：根据《民法典》第 65 条规定，法人的实际情况与登记的事项不一致的，不得对抗善意相对人。
6. ×，解析：根据《民法典》第 67 条第 1 款规定，法人合并的，其权利和义务由合并后的法人享有和承担。
7. √，解析：根据《民法典》第 69 条规定。
8. √，解析：根据《民法典》第 72 条第 3 款规定。

二、单项选择题

1. 设立法人，法律、行政法规规定须经有关机关(　　)的，依照其规定。

A. 批准　　B. 特许

C. 登记　　D. 核准

2. 法人以其全部财产独立承担(　　)责任。

A. 民事　　B. 行政

C. 刑事　　D. 赔偿

3. 依照法律或者法人章程的规定，代表法人从事民事活动的负责人，为法人的(　　)。

A. 委托代理人　　B. 法定代理人

C. 委托代表人　　D. 法定代表人

4. 法人以其(　　)为住所。

A. 法定代表人住所地　　B. 主要办事机构所在地

C. 法定代表人经常居住地　　D. 办事机构所在地

5. 法人分立的，其债权由分立后的法人享有(　　)，但是债权人和债务人另有约定的除外。

A. 全部债权　　B. 连带债权

C. 部分债权　　D. 按份债权

6. 清算义务人未及时履行清算义务，造成损害的，应当承担(　　)责任。

A. 赔偿　　B. 民事

C. 刑事　　D. 行政

二、单项选择题

1. A，解析：根据《民法典》第 58 条第 3 款规定，设立法人，法律、行政法规规定须经有关机关批准的，依照其规定。
2. A，解析：根据《民法典》第 60 条规定，法人以其全部财产独立承担民事责任。
3. D，解析：根据《民法典》第 61 条第 1 款规定，依照法律或者法人章程的规定，代表法人从事民事活动的负责人，为法人的法定代表人。
4. B，解析：根据《民法典》第 63 条规定，法人以其主要办事机构所在地为住所。依法需要办理法人登记的，应当将主要办事机构所在地登记为住所。
5. B，解析：根据《民法典》第 67 条第 2 款规定，法人分立的，其权利和义务由分立后的法人享有连带债权，承担连带债务，但是债权人和债务人另有约定的除外。
6. B，解析：根据《民法典》第 70 条第 3 款规定，清算义务人未及时履行清算义务，造成损害的，应当承担民事责任；主管机关或者利害关系人可以申请人民法院指定有关人员组成清算组进行清算。

三、多项选择题

1. 法人应当依法成立。法人应当有自己的(　　)。

A. 名称　　B. 组织机构

C. 住所　　D. 财产或者经费

2. 下列关于民事权利能力和民事行为能力的说法错误的是：(　　)

A. 法人的民事权利能力和民事行为能力，从法人成立时产生，到法人清算时消灭

B. 法人的民事权利能力和民事行为能力，从法人成立时产生，到法人终止时消灭

C. 自然人从出生时起到死亡时止，具有民事权利能力和民事行为能力

D. 自然人从胎儿时起到死亡时止，具有民事权利能力和民事行为能力

3. 下列关于法人登记的说法正确的是：(　　)

A. 法人的实际情况与登记的事项不一致的，不得对抗善意相对人

B. 法人的实际情况与登记的事项不一致的，可以对抗善意相对人

C. 法人存续期间登记事项发生变化的，应当向登记机关申请变更登记

D. 法人存续期间登记事项发生变化的，可以向登记机关申请变更登记

4. 下列关于法人合并或者分立后，其权利的享有的说法正确的是：(　　)

A. 法人合并的，其权利仍由合并前的法人享有

B. 法人合并的，其权利由合并后的法人享有

C. 法人分立的，其权利由分立后的法人享有连带债权

D. 法人分立的，其权利由分立前的法人享有债权

三、多项选择题

1. ABCD，解析：根据《民法典》第 58 条第 1、2 款规定，法人应当依法成立。法人应当有自己的名称、组织机构、住所、财产或者经费。
2. ACD，解析：根据《民法典》第 13 条规定，自然人从出生时起到死亡时止，具有民事权利能力，依法享有民事权利，承担民事义务。根据《民法典》第 59 条规定，法人的民事权利能力和民事行为能力，从法人成立时产生，到法人终止时消灭。
3. AC，解析：根据《民法典》第 64 条规定，法人存续期间登记事项发生变化的，应当依法向登记机关申请变更登记。根据《民法典》第 65 条规定，法人的实际情况与登记的事项不一致的，不得对抗善意相对人。
4. BC，解析：根据《民法典》第 67 条规定，法人合并的，其权利和义务由合并后的法人享有和承担。法人分立的，其权利和义务由分立后的法人享有连带债权，承担连带债务，但是债权人和债务人另有约定的除外。

5. 法人的董事、理事等(　　)的成员为清算义务人。法律、行政法规另有规定的，依照其规定。

A. 执行机构　　B. 监督机构

C. 决策机构　　D. 管理机构

6. 法人清算后的剩余财产，依照(　　)处理。法律另有规定的，依照其规定。

A. 法律规定

B. 人民法院的决定

C. 法人章程的规定

D. 法人权力机构的决议

7. 下列关于法人终止的说法正确的是：(　　)

A. 清算结束并完成法人注销登记时，法人终止

B. 依法不需要办理法人登记的，清算结束时，法人终止

C. 法人被宣告破产的，依法进行破产清算并完成法人注销登记时，法人终止

D. 法人终止，法律、行政法规规定须经有关机关批准的，依照其规定

8. 下列关于法人设立行为的法律后果的说法正确的是：(　　)

A. 设立人为设立法人从事的民事活动，其法律后果由法人承受

B. 法人未成立的，其法律后果由设立人承受

C. 设立人为二人以上的，享有连带债权，承担连带债务

D. 设立人为设立法人以自己的名义从事民事活动产生的民事责任，第三人有权请求法人承担

四、填空题

1. 法人是具有____和____，依法独立享有____和承担____的组织。

2. 法人应当依法成立。法人应当有自己的____、____、____、____或者____。

5. AC，解析：根据《民法典》第70条第2款规定，法人的董事、理事等执行机构或者决策机构的成员为清算义务人。法律、行政法规另有规定的，依照其规定。

6. CD，解析：根据《民法典》第72条第2款规定，法人清算后的剩余财产，按照法人章程的规定或者法人权力机构的决议处理。法律另有规定的，依照其规定。

7. ABCD，解析：根据《民法典》第68条第2款规定，法人终止，法律、行政法规规定须经有关机关批准的，依照其规定。根据《民法典》第72条第3款规定，清算结束并完成法人注销登记时，法人终止；依法不需要办理法人登记的，清算结束时，法人终止。根据《民法典》第73条规定，法人被宣告破产的，依法进行破产清算并完成法人注销登记时，法人终止。

8. ABCD，解析：根据《民法典》第75条规定，设立人为设立法人从事的民事活动，其法律后果由法人承受；法人未成立的，其法律后果由设立人承受，设立人为二人以上的，享有连带债权，承担连带债务。设立人为设立法人以自己的名义从事民事活动产生的民事责任，第三人有权选择请求法人或者设立人承担。

四、填空题

1. 民事权利能力；民事行为能力；民事权利；民事义务。（《民法典》第57条）

2. 名称；组织机构；住所；财产；经费。（《民法典》第58条第1、2款）

3. 法人的民事权利能力和民事行为能力，从____时产生，到____时消灭。
4. 法人章程或者法人权力机构对法定代表人代表权的限制，____对抗____相对人。
5. 法人承担民事责任后，依照____或者____的规定，____向有过错的法定代表人____。
6. 法人以其____为住所。依法需要办理法人登记的，应当将____登记为住所。
7. 法人的实际情况与登记的事项____的，____对抗善意相对人。
8. 登记机关应当依法及时____法人登记的有关信息。
9. 法人的清算程序和清算组职权，依照有关法律的规定；没有规定的，参照适用____的有关规定。
10. 清算结束并完成____时，法人终止；依法____办理法人登记的，清算结束时，法人终止。

五、简答题

简述法人解散的情形。

3. 法人成立；法人终止。（《民法典》第 59 条）

4. 不得；善意。（《民法典》第 61 条第 3 款）

5. 法律；法人章程；可以；追偿。（《民法典》第 62 条第 2 款）

6. 主要办事机构所在地；主要办事机构所在地。（《民法典》第 63 条）

7. 不一致；不得。（《民法典》第 65 条）

8. 公示。（《民法典》第 66 条）

9. 公司法律。（《民法典》第 71 条）

10. 法人注销登记；不需要。（《民法典》第 72 条第 3 款）

五、简答题

答：根据《民法典》第 69 条规定，有下列情形之一的，法人解散：（1）法人章程规定的存续期间届满或者法人章程规定的其他解散事由出现；（2）法人的权力机构决议解散；（3）因法人合并或者分立需要解散；（4）法人依法被吊销营业执照、登记证书，被责令关闭或者被撤销；（5）法律规定的其他情形。

第二讲 以营利为目的的法人

一、判断题

1. 以取得利润并分配给股东等出资人为目的成立的法人，为营利法人。（ ）
2. 营利法人经依法批准成立。（ ）
3. 营利法人可以不设权力机构。（ ）
4. 营利法人应当设监事会或者监事等监督机构。（ ）
5. 营利法人的出资人不得滥用出资人权利损害法人或者其他出资人的利益。滥用出资人权利造成法人或者其他出资人损失的，应当依法承担民事责任。（ ）
6. 营利法人从事经营活动，应当遵守商业道德，维护交易安全，接受政府和社会的监督，承担社会责任。（ ）

二、单项选择题

1. 营利法人经依法（ ）成立。

   A. 特许　　B. 登记

   C. 批准　　D. 核准

2. 营利法人的成立日期是：（ ）

   A. 法人章程确定的日期　　B. 法人权力机构确定的日期

   C. 登记机关确定的日期　　D. 营业执照签发日期

3. 未设董事会或者执行董事的，（ ）为其执行机构和法定代表人。

   A. 董事长　　B. 执行董事

   C. 经理　　D. 法人章程规定的主要负责人

参考答案

一、判断题

1. √，解析：根据《民法典》第 76 条第 1 款规定。
2. ×，解析：根据《民法典》第 77 条规定，营利法人经依法登记成立。
3. ×，解析：根据《民法典》第 80 条第 1 款规定，营利法人应当设权力机构。
4. ×，解析：根据《民法典》第 82 条规定，营利法人设监事会或者监事等监督机构的，监督机构依法行使检查法人财务，监督执行机构成员、高级管理人员执行法人职务的行为，以及法人章程规定的其他职权。
5. √，解析：根据《民法典》第 83 条第 1 款规定。
6. √，解析：根据《民法典》第 86 条规定。

二、单项选择题

1. B，解析：根据《民法典》第 77 条规定，营利法人经依法登记成立。
2. D，解析：根据《民法典》第 78 条规定，依法设立的营利法人，由登记机关发给营利法人营业执照。营业执照签发日期为营利法人的成立日期。
3. D，解析：根据《民法典》第 81 条第 3 款规定，执行机构为董事会或者执行董事的，董事长、执行董事或者经理按照法人章程的规定担任法定代表人；未设董事会或者执行董事的，法人章程规定的主要负责人为其执行机构和法定代表人。

4. 滥用法人独立地位和出资人有限责任，逃避债务，严重损害法人债权人的利益的，应当对法人债务承担(　　)责任。

A. 连带　　B. 刑事

C. 按份　　D. 行政

5. 营利法人的权力机构作出的决议内容违反法人章程的，(　　)可以请求人民法院撤销该决议。

A. 营利法人的出资人

B. 营利法人的董事

C. 营利法人的实际控制人

D. 营利法人的监事

三、多项选择题

1. 下列关于营利法人的说法正确的是：(　　)

A. 依法设立的营利法人，由登记机关发给营利法人营业执照

B. 营业执照签发日期为营利法人的成立日期

C. 设立营利法人应当依法制定法人章程

D. 营利法人经依法登记成立

2. 营利法人应当设权力机构。权力机构行使的职权有：(　　)

A. 修改法人章程

B. 选举执行机构成员

C. 选举监督机构成员

D. 更换执行机构、监督机构成员

3. 营利法人应当设执行机构。执行机构行使的职权有：(　　)

A. 召集权力机构会议

B. 决定法人的经营计划

C. 决定法人的投资方案

D. 决定法人内部管理机构的设置

4. A，解析：根据《民法典》第 83 条第 2 款规定，营利法人的出资人不得滥用法人独立地位和出资人有限责任损害法人债权人的利益；滥用法人独立地位和出资人有限责任，逃避债务，严重损害法人债权人的利益的，应当对法人债务承担连带责任。
5. A，解析：根据《民法典》第 85 条规定，营利法人的权力机构、执行机构作出决议的会议召集程序、表决方式违反法律、行政法规、法人章程，或者决议内容违反法人章程的，营利法人的出资人可以请求人民法院撤销该决议。但是，营利法人依据该决议与善意相对人形成的民事法律关系不受影响。

三、多项选择题

1. ABCD，解析：根据《民法典》第 77 条规定，营利法人经依法登记成立。根据《民法典》第 78 条规定，依法设立的营利法人，由登记机关发给营利法人营业执照。营业执照签发日期为营利法人的成立日期。根据《民法典》第 79 条规定，设立营利法人应当依法制定法人章程。
2. ABCD，解析：根据《民法典》第 80 条规定，营利法人应当设权力机构。权力机构行使修改法人章程，选举或者更换执行机构、监督机构成员，以及法人章程规定的其他职权。
3. ABCD，解析：根据《民法典》第 81 条规定，营利法人应当设执行机构。执行机构行使召集权力机构会议，决定法人的经营计划和投资方案，决定法人内部管理机构的设置，以及法人章程规定的其他职权。执行机构为董事会或者执行董事的，董事长、执行董事或者经理按照法人章程的规定担任法定代表人；未设董事会或者执行董事的，法人章程规定的主要负责人为其执行机构和法定代表人。

4. 营利法人执行机构为董事会或者执行董事的，按照法人章程的规定可以担任法定代表人的有：（　　）

A. 董事长　　B. 执行董事

C. 经理　　D. 监事

5. 营利法人设监事会或者监事等监督机构的，监督机构依法行使的职权有：（　　）

A. 监督管理人员执行法人职务的行为

B. 监督执行机构成员执行法人职务的行为

C. 监督高级管理人员执行法人职务的行为

D. 检查法人财务

四、填空题

1. 以____并____为目的成立的法人，为营利法人。营利法人包括____、____和其他企业法人等。

2. 营利法人经依法____成立。

3. 依法设立的营利法人，由____发给营利法人营业执照。____为营利法人的成立日期。

4. 营利法人的出资人滥用____和____，逃避债务，严重损害____的利益的，应当对法人债务承担____责任。

5. 营利法人的____、____、董事、监事、高级管理人员不得利用其____损害法人的利益；利用关联关系造成法人损失的，应当承担____责任。

4. ABC，解析：根据《民法典》第 81 条第 3 款规定，执行机构为董事会或者执行董事的，董事长、执行董事或者经理按照法人章程的规定担任法定代表人；未设董事会或者执行董事的，法人章程规定的主要负责人为其执行机构和法定代表人。
5. BCD，解析：根据《民法典》第 82 条规定，营利法人设监事会或者监事等监督机构的，监督机构依法行使检查法人财务，监督执行机构成员、高级管理人员执行法人职务的行为，以及法人章程规定的其他职权。

四、填空题

1. 取得利润；分配给股东等出资人；有限责任公司；股份有限公司。（《民法典》第 76 条）
2. 登记。（《民法典》第 77 条）
3. 登记机关；营业执照签发日期。（《民法典》第 78 条）
4. 法人独立地位；出资人有限责任；法人债权人；连带。（《民法典》第 83 条第 2 款）
5. 控股出资人；实际控制人；关联关系；赔偿。（《民法典》第 84 条）

第三讲　不以营利为目的的法人

一、判断题

1. 为公益目的或者其他非营利目的成立，不向出资人、设立人或者会员分配所取得利润的法人，为非营利法人。(　　)
2. 具备法人条件，为适应经济社会发展需要，提供公益服务设立的事业单位，经依法登记成立，取得事业单位法人资格；依法不需要办理法人登记的，从成立之日起，具有事业单位法人资格。(　　)
3. 社会团体法人应当设理事会等权力机构。(　　)

二、单项选择题

1. 为公益目的或者其他非营利目的成立，不向出资人、设立人或者会员分配所取得利润的法人，为(　　)。

   A. 社会法人　　B. 营利法人

   C. 特别法人　　D. 非营利法人

2. 事业单位法人的法定代表人依照(　　)的规定产生。

   A. 法律　　B. 法律、行政法规

   C. 法人章程　　D. 法律、行政法规或者法人章程

3. 社会团体法人应当设理事会等执行机构。理事长按照(　　)的规定担任法定代表人。

   A. 法律　　B. 法律、行政法规

   C. 法人章程　　D. 法律、行政法规或者法人章程

参考答案

一、判断题

1. √，解析：根据《民法典》第 87 条第 1 款规定。
2. √，解析：根据《民法典》第 88 条规定。
3. ×，解析：根据《民法典》第 91 条第 3 款规定，社会团体法人应当设理事会等执行机构。理事长或者会长等负责人按照法人章程的规定担任法定代表人。

二、单项选择题

1. D，解析：根据《民法典》第 87 条规定，为公益目的或者其他非营利目的成立，不向出资人、设立人或者会员分配所取得利润的法人，为非营利法人。非营利法人包括事业单位、社会团体、基金会、社会服务机构等。
2. D，解析：根据《民法典》第 89 条规定，事业单位法人设理事会的，除法律另有规定外，理事会为其决策机构。事业单位法人的法定代表人依照法律、行政法规或者法人章程的规定产生。
3. C，解析：根据《民法典》第 91 条第 3 款规定，社会团体法人应当设理事会等执行机构。理事长或者会长等负责人按照法人章程的规定担任法定代表人。

4. 下列关于捐助法人的说法错误的是：（　　）

A. 设立捐助法人应当依法制定法人章程

B. 捐助法人应当设理事会、民主管理组织等决策机构

C. 捐助法人可以不设执行机构

D. 捐助法人应当设监事会等监督机构

三、多项选择题

1. 下列机构属于非营利法人的是：（　　）

A. 基金会　　B. 事业单位

C. 社会团体　　D. 社会服务机构

2. 下列关于社会团体法人的说法正确的是：（　　）

A. 设立社会团体法人应当依法制定法人章程

B. 社会团体法人应当设会员大会等权力机构

C. 社会团体法人应当设理事会等权力机构

D. 依法不需要办理法人登记的，从成立之日起，具有社会团体法人资格

3. 具备法人条件，为公益目的以捐助财产设立的（　　）等，经依法登记成立，取得捐助法人资格。

A. 社会团体　　B. 基金会

C. 事业单位　　D. 社会服务机构

四、填空题

1. 为____或者其他____成立，不向出资人、设立人或者会员____所取得利润的法人，为非营利法人。非营利法人包括____、____、____、____等。

2. 事业单位法人设理事会的，除____另有规定外，理事会为其____。事业单位法人的法定代表人依照____的规定产生。

4. C，解析：根据《民法典》第 93 条规定，设立捐助法人应当依法制定法人章程。捐助法人应当设理事会、民主管理组织等决策机构，并设执行机构。理事长等负责人按照法人章程的规定担任法定代表人。捐助法人应当设监事会等监督机构。

三、多项选择题

1. ABCD，解析：根据《民法典》第 87 条规定，为公益目的或者其他非营利目的成立，不向出资人、设立人或者会员分配所取得利润的法人，为非营利法人。非营利法人包括事业单位、社会团体、基金会、社会服务机构等。
2. ABD，解析：根据《民法典》第 90 条规定，具备法人条件，基于会员共同意愿，为公益目的或者会员共同利益等非营利目的设立的社会团体，经依法登记成立，取得社会团体法人资格；依法不需要办理法人登记的，从成立之日起，具有社会团体法人资格。根据《民法典》第 91 条规定，设立社会团体法人应当依法制定法人章程。社会团体法人应当设会员大会或者会员代表大会等权力机构。社会团体法人应当设理事会等执行机构。理事长或者会长等负责人按照法人章程的规定担任法定代表人。
3. BD，解析：根据《民法典》第 92 条第 1 款规定，具备法人条件，为公益目的以捐助财产设立的基金会、社会服务机构等，经依法登记成立，取得捐助法人资格。

四、填空题

1. 公益目的；非营利目的；分配；事业单位；社会团体；基金会；社会服务机构。（《民法典》第 87 条）
2. 法律；决策机构；法律、行政法规或者法人章程。（《民法典》第 89 条）

3. 具备____，基于____，为____或者会员共同利益等非营利目的设立的社会团体，经依法____成立，取得社会团体法人资格；依法不需要办理法人登记的，从____之日起，具有社会团体法人资格。
4. 社会团体法人应当设理事会等____。理事长或者会长等负责人按照法人章程的规定担任____。
5. 具备____条件，为公益目的以____设立的基金会、社会服务机构等，经依法____成立，取得捐助法人资格。
6. 依法设立的____活动场所，具备____条件的，____申请法人登记，取得捐助法人资格。法律、行政法规对宗教活动场所有规定的，依照其规定。

3. 法人条件；会员共同意愿；公益目的；登记；成立。（《民法典》第90条）
4. 执行机构；法定代表人。（《民法典》第91条第3款）
5. 法人；捐助财产；登记。（《民法典》第92条第1款）
6. 宗教；法人；可以。（《民法典》第92条第2款）

第四讲　对法人的人格保护

一、判断题

1. 人格权可以放弃、转让、继承。(　　)
2. 行为人拒不承担因其侵害人格权而应承担的消除影响、恢复名誉、赔礼道歉等民事责任的，人民法院可以采取在报刊、网络等媒体上发布公告或者公布生效裁判文书等方式执行，产生的费用由行为人负担。(　　)
3. 任何组织或者个人不得以干涉、盗用、假冒等方式侵害法人的名称权。(　　)
4. 法人变更名称的，变更前实施的民事法律行为对其不再具有法律约束力。(　　)
5. 自然人享有名誉权，法人和其他组织不享有名誉权。(　　)
6. 报刊、网络等媒体报道的内容失实，侵害他人名誉权的，受害人有权请求该媒体及时采取更正或者删除等必要措施。(　　)

二、单项选择题

1. 侵害法人名称权的方式不包括：(　　)。

   A. 干涉

   B. 转让

   C. 盗用

   D. 假冒

参考答案

一、判断题

1. ×，解析：根据《民法典》第 992 条规定，人格权不得放弃、转让或者继承。
2. √，解析：根据《民法典》第 1000 条规定，行为人因侵害人格权承担消除影响、恢复名誉、赔礼道歉等民事责任的，应当与行为的具体方式和造成的影响范围相当。行为人拒不承担前款规定的民事责任的，人民法院可以采取在报刊、网络等媒体上发布公告或者公布生效裁判文书等方式执行，产生的费用由行为人负担。
3. √，解析：根据《民法典》第 1014 条规定，任何组织或者个人不得以干涉、盗用、假冒等方式侵害他人的姓名权或者名称权。
4. ×，解析：根据《民法典》第 1016 条第 2 款规定，民事主体变更姓名、名称的，变更前实施的民事法律行为对其具有法律约束力。
5. ×，解析：根据《民法典》第 1024 条规定，民事主体享有名誉权。任何组织或者个人不得以侮辱、诽谤等方式侵害他人的名誉权。名誉是对民事主体的品德、声望、才能、信用等的社会评价。
6. √，解析：根据《民法典》第 1028 条规定，民事主体有证据证明报刊、网络等媒体报道的内容失实，侵害其名誉权的，有权请求该媒体及时采取更正或者删除等必要措施。

二、单项选择题

1. B，解析：根据《民法典》第 1014 条规定，任何组织或者个人不得以干涉、盗用、假冒等方式侵害他人的姓名权或者名称权。ACD 项正确。根据《民法典》第 1013 条规定，法人的名称权可以依法转让。B 项错误。

2. 关于姓名权、名称权有关手续及法律效力，下列表述错误的是：（　　）

A. 自然人决定、变更姓名，应当依法向有关机关办理登记手续，但是法律另有规定的除外

B. 法人、非法人组织决定、变更、转让名称的，应当依法向有关机关办理登记手续，但是法律另有规定的除外

C. 民事主体变更姓名、名称的，变更前实施的民事法律行为自登记之日起对其不再具有法律约束力

D. 民事主体变更姓名、名称的，变更前实施的民事法律行为对其具有法律约束力

3. 关于名誉和名誉权，下列表述错误的是：（　　）

A. 民事主体享有名誉权

B. 任何组织或者个人不得以侮辱等方式侵害他人的名誉权

C. 任何组织或者个人不得以诽谤等方式侵害他人的名誉权

D. 《民法典》所称名誉，是指对民事主体的品德、声望、才能、信用等的行业评价

4. 行为人为公共利益实施新闻报道，对他人提供的严重失实内容未尽到合理核实义务，影响他人名誉的，应当承担民事责任。认定行为人是否尽到合理核实义务，应当考虑的因素不包括：（　　）

A. 内容来源的可信度、内容的时限性

B. 对可能引发争议的内容是否进行了全面调查

C. 内容与公序良俗的关联性、受害人名誉受贬损的可能性

D. 核实能力和核实成本

2. C，解析：根据《民法典》第 1016 条规定，自然人决定、变更姓名，或者法人、非法人组织决定、变更、转让名称的，应当依法向有关机关办理登记手续，但是法律另有规定的除外。民事主体变更姓名、名称的，变更前实施的民事法律行为对其具有法律约束力。据此，ABD 项正确，C 项错误。

3. D，解析：根据《民法典》第 1024 条规定，民事主体享有名誉权。任何组织或者个人不得以侮辱、诽谤等方式侵害他人的名誉权。名誉是对民事主体的品德、声望、才能、信用等的社会评价。据此，ABC 项正确，D 项错误。

4. B，解析：根据《民法典》第 1026 条规定，认定行为人是否尽到《民法典》第 1025 条第 2 项规定的合理核实义务，应当考虑下列因素：（1）内容来源的可信度；（2）对明显可能引发争议的内容是否进行了必要的调查；（3）内容的时限性；（4）内容与公序良俗的关联性；（5）受害人名誉受贬损的可能性；（6）核实能力和核实成本。据此，ACD 项正确，B 项错误。

5. 关于民事主体对媒体报道失实导致侵害名誉权的救济，以下表述错误的是：(　　)

A. 民事主体有确切证据证明报刊、网络等媒体报道的内容失实

B. 民事主体有证据证明媒体报道的内容失实侵害其名誉权

C. 民事主体有权请求该媒体及时采取更正措施

D. 民事主体有权请求该媒体及时采取删除措施

三、多项选择题

1. 民事主体的人格权受法律保护，任何(　　)或者(　　)不得侵害。

A. 单位

B. 组织

C. 个人

D. 机关

2. 人格权受到侵害的，受害人提出的请求行为人承担民事责任的请求权中，不适用诉讼时效的规定的是：(　　)

A. 停止侵害请求权

B. 排除妨碍、消除危险请求权

C. 消除影响、恢复名誉请求权

D. 赔礼道歉请求权

3. 关于对笔名、艺名、网名、译名、字号、姓名和名称的简称的扩展保护，表述正确的是：(　　)

A. 具有一定社会知名度

B. 被他人使用

C. 被他人使用足以造成公众混淆

D. 参照适用姓名权和名称权保护的有关规定

5. A，解析：根据《民法典》第 1028 条规定，民事主体有证据证明报刊、网络等媒体报道的内容失实，侵害其名誉权的，有权请求该媒体及时采取更正或者删除等必要措施。据此，A 项错误，BCD 项正确。

三、多项选择题

1. BC，解析：根据《民法典》第 991 条规定，民事主体的人格权受法律保护，任何组织或者个人不得侵害。
2. ABCD，解析：根据《民法典》第 995 条规定，人格权受到侵害的，受害人有权依照本法和其他法律的规定请求行为人承担民事责任。受害人的停止侵害、排除妨碍、消除危险、消除影响、恢复名誉、赔礼道歉请求权，不适用诉讼时效的规定。
3. ACD，解析：根据《民法典》第 1017 条规定，具有一定社会知名度，被他人使用足以造成公众混淆的笔名、艺名、网名、译名、字号、姓名和名称的简称等，参照适用姓名权和名称权保护的有关规定。据此，ACD 项正确，B 项错误。

4. 行为人为公共利益实施新闻报道、舆论监督等行为，影响他人名誉的，需要承担民事责任的情形包括：（　　）

A. 捏造、歪曲事实

B. 对他人提供的失实内容未尽到全面审查义务

C. 使用侮辱性言辞等贬损他人名誉

D. 对他人提供的严重失实内容未尽到合理核实义务

四、填空题

1. 民事主体可以将自己的姓名、名称、肖像等许可他人使用，但是____或者____的除外。

2. ____、____享有名称权，有权依法____、使用、变更、转让或者____自己的名称。

3. 行为人为公共利益实施____、____等行为，影响他人名誉的，不承担民事责任，但是有下列情形之一的除外：（1）捏造、歪曲事实；（2）对他人提供的____内容未尽到____义务；（3）使用____等贬损他人名誉。

4. 行为人发表的文学、艺术作品不以____为描述对象，仅其中的情节____的，不承担民事责任。

5. 民事主体可以依法查询自己的信用评价；发现信用评价不当的，有权____并请求采取____、____等必要措施。信用评价人应当____核查，经核查属实的，应当及时采取必要措施。

6. 任何组织或者个人不得____他人的荣誉称号，不得____、____他人的荣誉。

4. ACD，解析：根据《民法典》第1025条规定，行为人为公共利益实施新闻报道、舆论监督等行为，影响他人名誉的，不承担民事责任，但是有下列情形之一的除外：（1）捏造、歪曲事实；（2）对他人提供的严重失实内容未尽到合理核实义务；（3）使用侮辱性言辞等贬损他人名誉。据此，ACD项正确，B项错误。

四、填空题

1. 依照法律规定；根据其性质不得许可。（《民法典》第993条）
2. 法人；非法人组织；决定；许可他人使用。（《民法典》1013条）
3. 新闻报道；舆论监督；严重失实；合理核实；侮辱性言辞。（《民法典》第1025条）
4. 特定人；与该特定人的情况相似。（《民法典》第1027条第2款）
5. 提出异议；更正；删除；及时。（《民法典》第1029条）
6. 非法剥夺；诋毁；贬损。（《民法典》第1031条第1款）

专题三

不具有法人资格的组织——非法人组织

一、判断题

1. 非法人组织是不具有法人资格，但是能够依法以其他法人的名义从事民事活动的组织。(　　)
2. 非法人组织只能确定一人代表该组织从事民事活动。(　　)
3. 非法人组织的代表人决定解散的，非法人组织解散。(　　)
4. 非法人组织除适用本章规定外，参照适用《民法典》总则编法人章一般规定。(　　)

二、单项选择题

1. 非法人组织的财产不足以清偿债务的，其出资人或者设立人承担(　　)责任。法律另有规定的，依照其规定。

   A. 有限

   B. 连带

   C. 无限

   D. 按份

2. 非法人组织解散的情形不包括：(　　)

   A. 非法人组织的代表人决定解散的

   B. 章程规定的存续期间届满

   C. 章程规定的其他解散事由出现

   D. 出资人或者设立人决定解散

参考答案

一、判断题

1. ×，解析：根据《民法典》第 102 条规定，非法人组织是不具有法人资格，但是能够依法以自己的名义从事民事活动的组织。非法人组织包括个人独资企业、合伙企业、不具有法人资格的专业服务机构等。
2. ×，解析：根据《民法典》第 105 条规定，非法人组织可以确定一人或者数人代表该组织从事民事活动。
3. ×，解析：根据《民法典》第 106 条规定，有下列情形之一的，非法人组织解散：（1）章程规定的存续期间届满或者章程规定的其他解散事由出现；（2）出资人或者设立人决定解散；（3）法律规定的其他情形。
4. √，解析：根据《民法典》第 108 条规定。

二、单项选择题

1. C，解析：根据《民法典》第 104 条规定，非法人组织的财产不足以清偿债务的，其出资人或者设立人承担无限责任。法律另有规定的，依照其规定。
2. A，解析：根据《民法典》第 106 条规定，有下列情形之一的，非法人组织解散：（1）章程规定的存续期间届满或者章程规定的其他解散事由出现；（2）出资人或者设立人决定解散；（3）法律规定的其他情形。

三、多项选择题

1. 非法人组织包括：（　　）

A. 个人独资企业　　B. 专业服务机构

C. 合伙企业　　D. 不具有法人资格的专业服务机构

2. 下列关于非法人组织解散的说法正确的是：（　　）

A. 非法人组织的权力机构决定解散的，非法人组织解散

B. 出资人或者设立人决定解散的，非法人组织解散

C. 非法人组织解散的，应当依法进行清算

D. 非法人组织解散的，可以不进行清算

四、填空题

1. 非法人组织是不具有____资格，但是能够依法以____的名义从事民事活动的组织。非法人组织包括____、____、____等。

2. 非法人组织应当依照法律的规定____。设立非法人组织，法律、行政法规规定须经有关机关____的，依照其规定。

3. 非法人组织解散的，应当依法进行____。

三、多项选择题

1. ACD，解析：根据《民法典》第102条规定，非法人组织是不具有法人资格，但是能够依法以自己的名义从事民事活动的组织。非法人组织包括个人独资企业、合伙企业、不具有法人资格的专业服务机构等。

2. BC，解析：根据《民法典》第106条规定，有下列情形之一的，非法人组织解散：（1）章程规定的存续期间届满或者章程规定的其他解散事由出现；（2）出资人或者设立人决定解散；（3）法律规定的其他情形。根据《民法典》第107条规定，非法人组织解散的，应当依法进行清算。

四、填空题

1. 法人；自己；个人独资企业；合伙企业；不具有法人资格的专业服务机构。（《民法典》第102条）

2. 登记；批准。（《民法典》第103条）

3. 清算。（《民法典》第107条）

专题四

民事法律行为

一、判断题

1. 民事法律行为是民事主体通过法律规定设立、变更、终止民事法律关系的行为。(　　)
2. 民事法律行为可以采用书面形式、口头形式或者其他形式。(　　)
3. 无相对人的意思表示，表示完成时生效。(　　)
4. 行为人必须以明示方式作出意思表示。(　　)
5. 撤回意思表示的通知可以在意思表示到达相对人后到达相对人。(　　)
6. 限制行为能力人实施的民事法律行为一律无效。(　　)
7. 行为人与相对人以虚假的意思表示实施的民事法律行为无效。(　　)
8. 基于虚假的意思实施的民事法律行为，行为人有权请求人民法院或者仲裁机构予以撤销。(　　)
9. 一方利用对方处于危困状态、缺乏判断能力等情形，致使民事法律行为成立时显失公平的，受损害方有权请求人民法院或者仲裁机构予以撤销。(　　)

参考答案

一、判断题

1. ×，解析：根据《民法典》第 133 条规定，民事法律行为是民事主体通过意思表示设立、变更、终止民事法律关系的行为。
2. √，解析：根据《民法典》第 135 条规定。
3. √，解析：根据《民法典》第 138 条规定。
4. ×，解析：根据《民法典》第 140 条规定，行为人可以明示或者默示作出意思表示。沉默只有在有法律规定、当事人约定或者符合当事人之间的交易习惯时，才可以视为意思表示。
5. ×，解析：根据《民法典》第 141 条规定，行为人可以撤回意思表示。撤回意思表示的通知应当在意思表示到达相对人前或者与意思表示同时到达相对人。
6. ×，解析：根据《民法典》第 143 条规定，具备下列条件的民事法律行为有效：（1）行为人具有相应的民事行为能力；（2）意思表示真实；（3）不违反法律、行政法规的强制性规定，不违背公序良俗。
7. √，解析：根据《民法典》第 146 条第 1 款规定。
8. ×，解析：根据《民法典》第 146 条第 1 款规定，行为人与相对人以虚假的意思表示实施的民事法律行为无效。根据《民法典》第 147 条规定，基于重大误解实施的民事法律行为，行为人有权请求人民法院或者仲裁机构予以撤销。
9. √，解析：根据《民法典》第 151 条规定。

二、单项选择题

1. 下列关于民事法律行为的说法错误的是：（　　）

A. 民事法律行为是民事主体通过意思表示设立、变更、终止民事法律关系的行为

B. 民事法律行为可以基于双方或者多方的意思表示一致成立

C. 民事法律行为不可以基于单方的意思表示成立

D. 法人依照章程规定的议事方式和表决程序作出决议的，该决议行为成立

2. 以(　　)方式作出的意思表示，相对人知道其内容时生效。

A. 书面　　B. 口头

C. 对话　　D. 公证

3. 有相对人的意思表示的解释，应当按照所使用的词句，结合相关条款、行为的性质和目的、习惯以及(　　)原则，确定意思表示的含义。

A. 公平　　B. 诚信

C. 平等　　D. 自愿

4. 下列关于无民事行为能力人的说法错误的是：（　　）

A. 无民事行为能力人实施的民事法律行为无效

B. 无民事行为能力人实施的民事法律行为经追认后有效

C. 不满 8 周岁的未成年人为无民事行为能力人

D. 不能辨认自己行为的成年人为无民事行为能力人

二、单项选择题

1. C，解析：根据《民法典》第133条规定，民事法律行为是民事主体通过意思表示设立、变更、终止民事法律关系的行为。根据《民法典》第134条规定，民事法律行为可以基于双方或者多方的意思表示一致成立，也可以基于单方的意思表示成立。法人、非法人组织依照法律或者章程规定的议事方式和表决程序作出决议的，该决议行为成立。
2. C，解析：根据《民法典》第137条第1款规定，以对话方式作出的意思表示，相对人知道其内容时生效。
3. B，解析：根据《民法典》第142条第1款规定，有相对人的意思表示的解释，应当按照所使用的词句，结合相关条款、行为的性质和目的、习惯以及诚信原则，确定意思表示的含义。
4. B，解析：根据《民法典》第20条规定，不满8周岁的未成年人为无民事行为能力人，由其法定代理人代理实施民事法律行为。根据《民法典》第21条规定，不能辨认自己行为的成年人为无民事行为能力人，由其法定代理人代理实施民事法律行为。根据《民法典》第144条规定，无民事行为能力人实施的民事法律行为无效。

5. 限制民事行为能力人实施的其他民事法律行为经法定代理人同意或者追认后有效。相对人可以催告法定代理人自收到通知之日起( )内予以追认。

A. 3 个月　　B. 15 日

C. 30 日　　D. 6 个月

6. 基于( )实施的民事法律行为，行为人有权请求人民法院或者仲裁机构予以撤销。

A. 虚假的意思表示　　B. 误解

C. 限制民事行为能力人　　D. 重大误解

7. 一方或者第三人以( )手段，使对方在违背真实意思的情况下实施的民事法律行为，( )有权请求人民法院或者仲裁机构予以撤销。

A. 引诱；受引诱方　　B. 胁迫；受胁迫方

C. 欺诈；受欺诈方　　D. 强制；受强制方

8. 当事人自民事法律行为发生之日起( )没有行使撤销权的，撤销权消灭。

A. 5 年内　　B. 1 年内

C. 6 个月内　　D. 3 年内

9. 违背公序良俗的民事法律行为( )。

A. 有效　　B. 无效

C. 可撤销　　D. 效力待定

三、多项选择题

1. 民事法律行为可以基于( )成立。

A. 单方的意思表示　　B. 双方的意思表示一致

C. 法律规定　　D. 多方的意思表示一致

5. C，解析：根据《民法典》第145条规定，限制民事行为能力人实施的纯获利益的民事法律行为或者与其年龄、智力、精神健康状况相适应的民事法律行为有效；实施的其他民事法律行为经法定代理人同意或者追认后有效。相对人可以催告法定代理人自收到通知之日起30日内予以追认。法定代理人未作表示的，视为拒绝追认。民事法律行为被追认前，善意相对人有撤销的权利。撤销应当以通知的方式作出。
6. D，解析：根据《民法典》第147条规定，基于重大误解实施的民事法律行为，行为人有权请求人民法院或者仲裁机构予以撤销。
7. B，解析：根据《民法典》第150条规定，一方或者第三人以胁迫手段，使对方在违背真实意思的情况下实施的民事法律行为，受胁迫方有权请求人民法院或者仲裁机构予以撤销。
8. A，解析：根据《民法典》第152条第2款规定，当事人自民事法律行为发生之日起5年内没有行使撤销权的，撤销权消灭。
9. B，解析：根据《民法典》第153条规定，违反法律、行政法规的强制性规定的民事法律行为无效。但是，该强制性规定不导致该民事法律行为无效的除外。违背公序良俗的民事法律行为无效。

三、多项选择题

1. ABCD，解析：根据《民法典》第134条规定，民事法律行为可以基于双方或者多方的意思表示一致成立，也可以基于单方的意思表示成立。法人、非法人组织依照法律或者章程规定的议事方式和表决程序作出决议的，该决议行为成立。

2. 民事法律行为可以采用的形式有：(　　)

A. 书面　　B. 口头

C. 公证　　D. 登记

3. 行为人(　　)，不得擅自变更或者解除民事法律行为。

A. 非依人民法院判决　　B. 非依仲裁机构裁决

C. 非依法律规定　　D. 未经对方同意

4. 沉默只有在(　　)时，才可以视为意思表示。

A. 符合当地交易习惯

B. 符合当事人之间的交易习惯

C. 有当事人约定

D. 有法律规定

5. 行为人可以撤回意思表示。撤回意思表示的通知应当(　　)到达相对人。

A. 在意思表示到达相对人前

B. 在意思表示到达相对人后

C. 与意思表示同时

D. 以上情形都可以

6. 民事法律行为有效的条件有：(　　)

A. 行为人具有相应的民事行为能力

B. 意思表示真实

C. 不违反法律、行政法规的强制性规定

D. 不违背公序良俗

7. 限制民事行为能力人实施的(　　)民事法律行为有效。

A. 纯获利益的

B. 与其年龄、智力、精神健康状况相适应的

C. 经法定代理人追认的

D. 经法定代理人同意的

2. ABCD，解析：根据《民法典》第135条规定，民事法律行为可以采用书面形式、口头形式或者其他形式；法律、行政法规规定或者当事人约定采用特定形式的，应当采用特定形式。

3. CD，解析：根据《民法典》第136条规定，民事法律行为自成立时生效，但是法律另有规定或者当事人另有约定的除外。行为人非依法律规定或者未经对方同意，不得擅自变更或者解除民事法律行为。

4. BCD，解析：根据《民法典》第140条规定，行为人可以明示或者默示作出意思表示。沉默只有在有法律规定、当事人约定或者符合当事人之间的交易习惯时，才可以视为意思表示。

5. AC，解析：根据《民法典》第141条规定，行为人可以撤回意思表示。撤回意思表示的通知应当在意思表示到达相对人前或者与意思表示同时到达相对人。

6. ABCD，解析：根据《民法典》第143条规定，具备下列条件的民事法律行为有效：（1）行为人具有相应的民事行为能力；（2）意思表示真实；（3）不违反法律、行政法规的强制性规定，不违背公序良俗。

7. ABCD，解析：根据《民法典》第145条规定，限制民事行为能力人实施的纯获利益的民事法律行为或者与其年龄、智力、精神健康状况相适应的民事法律行为有效；实施的其他民事法律行为经法定代理人同意或者追认后有效。相对人可以催告法定代理人自收到通知之日起30日内予以追认。法定代理人未作表示的，视为拒绝追认。民事法律行为被追认前，善意相对人有撤销的权利。撤销应当以通知的方式作出。

8. 下列民事法律行为无效的是：（　　）
   A. 无民事行为能力人实施的民事法律行为
   B. 行为人与相对人以虚假的意思表示实施的民事法律行为
   C. 限制民事行为能力人实施的民事法律行为
   D. 以虚假的意思表示隐藏的民事法律行为

四、填空题

1. 民事法律行为可以基于____的意思表示一致成立，也可以基于____的意思表示成立。法人、非法人组织依照法律或者章程规定的____作出决议的，该决议行为成立。
2. 民事法律行为可以采用____形式、____形式或者其他形式；法律、行政法规规定或者当事人约定采用特定形式的，应当采用特定形式。
3. 以对话方式作出的意思表示，相对人____时生效。以非对话方式作出的意思表示，____时生效。
4. 行为人可以____或者____作出意思表示。沉默只有在有法律规定、____或者符合当事人之间的____时，才可以视为意思表示。
5. ____的意思表示的解释，____拘泥于所使用的词句，而应当结合____、行为的性质和目的、____以及诚信原则，确定行为人的真实意思。
6. 具备下列条件的民事法律行为有效：（1）行为人具有相应的____；（2）意思表示真实；（3）不违反法律、行政法规的强制性规定，不违背____。
7. 限制民事行为能力人实施的____的民事法律行为或者与其____、____、____相适应的民事法律行为有效；实施的其他民事法律行为经法定代理人____或者____后有效。

8. AB，解析：根据《民法典》第144条规定，无民事行为能力人实施的民事法律行为无效。根据《民法典》第145条第1款规定，限制民事行为能力人实施的纯获利益的民事法律行为或者与其年龄、智力、精神健康状况相适应的民事法律行为有效；实施的其他民事法律行为经法定代理人同意或者追认后有效。根据《民法典》第146条规定，行为人与相对人以虚假的意思表示实施的民事法律行为无效。以虚假的意思表示隐藏的民事法律行为的效力，依照有关法律规定处理。

四、填空题

1. 双方或者多方；单方；议事方式和表决程序。(《民法典》第134条)
2. 书面；口头。(《民法典》第135条)
3. 知道其内容；到达相对人。(《民法典》第137条)
4. 明示；默示；当事人约定；交易习惯。(《民法典》第140条)
5. 无相对人；不能完全；相关条款；习惯。(《民法典》第142条第2款)
6. 民事行为能力；公序良俗。(《民法典》第143条)
7. 纯获利益；年龄；智力；精神健康状况；同意；追认。(《民法典》第145条第1款)

8. 一方或者第三人以胁迫手段，使对方在违背____的情况下实施的民事法律行为，受胁迫方有权请求人民法院或者仲裁机构予以____。
9. 一方利用对方处于____、____等情形，致使民事法律行为成立时____的，受损害方有权请求人民法院或者仲裁机构予以撤销。

五、简答题

简述撤销权消灭的情形。

8. 真实意思；撤销。(《民法典》第150条)

9. 危困状态；缺乏判断能力；显失公平。(《民法典》第151条)

五、简答题

答：根据《民法典》152条规定，有下列情形之一的，撤销权消灭：(1) 当事人自知道或者应当知道撤销事由之日起1年内、重大误解的当事人自知道或者应当知道撤销事由之日起90日内没有行使撤销权；(2) 当事人受胁迫，自胁迫行为终止之日起1年内没有行使撤销权；(3) 当事人知道撤销事由后明确表示或者以自己的行为表明放弃撤销权。当事人自民事法律行为发生之日起5年内没有行使撤销权的，撤销权消灭。

专题五

民事权利与民事责任

一、判断题

1. 民事主体的财产权利受法律平等保护。(　　)
2. 物包括不动产和动产。(　　)
3. 物权的种类和内容，由法律、行政法规规定。(　　)
4. 为了公共利益的需要，依照法律规定的权限和程序征收、征用不动产或者动产的，可以给予适当的补偿。(　　)
5. 依法成立的合同，对当事人具有法律约束力。(　　)
6. 民事权益受到侵害的，被侵权人有权请求侵权人承担侵权责任。(　　)
7. 民事主体依法享有继承权。(　　)
8. 民事主体享有法律规定的其他民事权利和利益。(　　)
9. 法律对数据、网络虚拟财产的保护有规定的，依照其规定。(　　)
10. 民事主体按照自己的意愿依法行使民事权利，不受干涉。(　　)
11. 二人以上依法承担按份责任，能够确定责任大小的，各自承担相应的责任；难以确定责任大小的，平均承担责任。(　　)
12. 危险由自然原因引起的，紧急避险人不承担民事责任，可以给予适当补偿。(　　)

二、单项选择题

1. 法人、非法人组织享有的权利不包括：(　　)

A. 名称权　　B. 名誉权　　C. 姓名权　　D. 荣誉权

参考答案

一、判断题

1. √，解析：根据《民法典》第 113 条规定。
2. √，解析：根据《民法典》第 115 条规定。
3. ×，解析：根据《民法典》第 116 条规定，物权的种类和内容，由法律规定。
4. ×，解析：根据《民法典》第 117 条规定，为了公共利益的需要，依照法律规定的权限和程序征收、征用不动产或者动产的，应当给予公平、合理的补偿。
5. √，解析：根据《民法典》第 119 条规定。
6. √，解析：根据《民法典》第 120 条规定。
7. ×，解析：根据《民法典》第 124 条规定，自然人依法享有继承权。自然人合法的私有财产，可以依法继承。
8. √，解析：根据《民法典》第 126 条规定。
9. √，解析：根据《民法典》第 127 条规定。
10. √，解析：根据《民法典》第 130 条规定。
11. √，解析：根据《民法典》第 177 条规定。
12. √，解析：根据《民法典》第 182 条第 2 款规定。

二、单项选择题

1. C，解析：根据《民法典》第 110 条规定，自然人享有生命权、身体权、健康权、姓名权、肖像权、名誉权、荣誉权、隐私权、婚姻自主权等权利。法人、非法人组织享有名称权、名誉权和荣誉权。

2. 物权的种类和内容，由(　　)规定。

A. 宪法　　B. 行政法规

C. 法律　　D. 行政规章

3. 为了(　　)的需要，依照法律规定的权限和程序征收、征用不动产或者动产的，应当给予公平、合理的补偿。

A. 社会利益　　B. 集体利益

C. 公共利益　　D. 国家利益

4. 没有法定的或者约定的义务，为避免他人利益受损失而进行管理的人，有权请求受益人偿还由此支出的(　　)费用。

A. 部分　　B. 必要

C. 全部　　D. 适当

5. 因他人没有(　　)根据，取得不当利益，受损失的人有权请求其返还不当利益。

A. 事实　　B. 习惯

C. 现实　　D. 法律

6. 知识产权的权利人可以就下列哪项客体依法享有专有的权利？(　　)

A. 水流　　B. 通用公式

C. 商业秘密　　D. 矿产资源

三、多项选择题

1. 任何组织或者个人需要获取他人个人信息的，应当依法取得并确保信息安全，不得非法(　　)他人个人信息，不得非法买卖、提供或者公开他人个人信息。

A. 收集　　B. 加工

C. 使用　　D. 传输

2. C，解析：根据《民法典》第116条规定，物权的种类和内容，由法律规定。
3. C，解析：根据《民法典》第117条规定，为了公共利益的需要，依照法律规定的权限和程序征收、征用不动产或者动产的，应当给予公平、合理的补偿。
4. B，解析：根据《民法典》第121条规定，没有法定的或者约定的义务，为避免他人利益受损失而进行管理的人，有权请求受益人偿还由此支出的必要费用。
5. D，解析：根据《民法典》第122条规定，因他人没有法律根据，取得不当利益，受损失的人有权请求其返还不当利益。
6. C，解析：根据《民法典》第123条规定，民事主体依法享有知识产权。知识产权是权利人依法就下列客体享有的专有的权利：（1）作品；（2）发明、实用新型、外观设计；（3）商标；（4）地理标志；（5）商业秘密；（6）集成电路布图设计；（7）植物新品种；（8）法律规定的其他客体。

三、多项选择题

1. ABCD，解析：根据《民法典》第111条规定，自然人的个人信息受法律保护。任何组织或者个人需要获取他人个人信息的，应当依法取得并确保信息安全，不得非法收集、使用、加工、传输他人个人信息，不得非法买卖、提供或者公开他人个人信息。

2. 物权包括：(　　)

A. 著作权　　B. 所有权

C. 用益物权　　D. 担保物权

3. 债权是因(　　)以及法律的其他规定，权利人请求特定义务人为或者不为一定行为的权利。

A. 侵权行为　　B. 合同

C. 无因管理　　D. 不当得利

4. 法律对(　　)等的民事权利保护有特别规定的，依照其规定。

A. 未成年人　　B. 残疾人

C. 老年人　　D. 妇女

5. 民事权利可以依据(　　)取得。

A. 民事法律行为　　B. 事实行为

C. 法律规定的事件　　D. 事件

6. 下列属于承担民事责任的方式的是：(　　)

A. 返还财产

B. 恢复原状

C. 继续履行

D. 修理、重作、更换

7. 下列关于紧急避险的说法正确的是：(　　)

A. 因紧急避险造成损害的，由引起险情发生的人承担民事责任

B. 危险由自然原因引起的，紧急避险人不承担民事责任，可以给予适当补偿

C. 危险由自然原因引起的，紧急避险人不承担民事责任，应当给予适当补偿

D. 紧急避险采取措施不当，造成不应有的损害的，紧急避险人应当承担适当的民事责任

2. BCD，解析：根据《民法典》第114条第2款规定，物权是权利人依法对特定的物享有直接支配和排他的权利，包括所有权、用益物权和担保物权。

3. ABCD，解析：根据《民法典》第118条第2款规定，债权是因合同、侵权行为、无因管理、不当得利以及法律的其他规定，权利人请求特定义务人为或者不为一定行为的权利。

4. ABCD，解析：根据《民法典》第128条规定，法律对未成年人、老年人、残疾人、妇女、消费者等的民事权利保护有特别规定的，依照其规定。

5. ABC，解析：根据《民法典》第129条规定，民事权利可以依据民事法律行为、事实行为、法律规定的事件或者法律规定的其他方式取得。

6. ABCD，解析：根据《民法典》第179条第1款规定，承担民事责任的方式主要有：（1）停止侵害；（2）排除妨碍；（3）消除危险；（4）返还财产；（5）恢复原状；（6）修理、重作、更换；（7）继续履行；（8）赔偿损失；（9）支付违约金；（10）消除影响、恢复名誉；（11）赔礼道歉。

7. ABD，解析：根据《民法典》第182条规定，因紧急避险造成损害的，由引起险情发生的人承担民事责任。危险由自然原因引起的，紧急避险人不承担民事责任，可以给予适当补偿。紧急避险采取措施不当或者超过必要的限度，造成不应有的损害的，紧急避险人应当承担适当的民事责任。

8. 因保护他人民事权益使自己受到损害的，由侵权人承担民事责任，受益人可以给予适当补偿。(　　)，受害人请求补偿的，受益人应当给予适当补偿。

A. 没有侵权人　　B. 侵权人不愿承担民事责任

C. 侵权人逃逸　　D. 侵权人无力承担民事责任

9. 侵害英雄烈士等的(　　)，损害社会公共利益的，应当承担民事责任。

A. 姓名　　B. 肖像

C. 名誉　　D. 荣誉

四、填空题

1. 物权是权利人依法对特定的物享有直接____的权利，包括____、____和____。
2. 物包括____和____。法律规定权利作为物权客体的，依照其规定。
3. 为了____的需要，依照法律规定的权限和程序____、____不动产或者动产的，应当给予公平、合理的____。
4. 债权是因____、侵权行为、____、不当得利以及法律的其他规定，权利人请求特定义务人____一定行为的权利。
5. 没有____或者____义务，为避免他人利益受损失而进行____的人，有权请求受益人偿还由此支出的____费用。
6. 知识产权是权利人依法就下列客体享有的专有的权利：（1）作品；（2）____、实用新型、外观设计；（3）____；（4）地理标志；（5）商业秘密；（6）____；（7）植物新品种；（8）法律规定的其他客体。
7. 民事主体依法享有____和其他投资性权利。
8. 民事权利可以依据民事法律行为、____、____或者法律规定的其他方式取得。

8. ACD，解析：根据《民法典》第 183 条规定，因保护他人民事权益使自己受到损害的，由侵权人承担民事责任，受益人可以给予适当补偿。没有侵权人、侵权人逃逸或者无力承担民事责任，受害人请求补偿的，受益人应当给予适当补偿。
9. ABCD，解析：根据《民法典》第 185 条规定，侵害英雄烈士等的姓名、肖像、名誉、荣誉，损害社会公共利益的，应当承担民事责任。

四、填空题

1. 支配和排他；所有权；用益物权；担保物权。（《民法典》第 114 条第 2 款）
2. 不动产；动产。（《民法典》第 115 条）
3. 公共利益；征收；征用；补偿。（《民法典》第 117 条）
4. 合同；无因管理；为或者不为。（《民法典》第 118 条第 2 款）
5. 法定的；约定的；管理；必要。（《民法典》第 121 条）
6. 发明；商标；集成电路布图设计。（《民法典》第 123 条第 2 款）
7. 股权。（《民法典》第 125 条）
8. 事实行为；法律规定的事件。（《民法典》第 129 条）

9. 民事主体行使权利时，应当履行____的和____的义务。

10. 民事主体____滥用民事权利损害国家利益、____或者他人合法权益。

11. 民事主体依照____或者按照____，履行民事义务，承担民事责任。

12. 因不可抗力不能履行民事义务的，____民事责任。法律另有规定的，依照其规定。不可抗力是不能预见、____且____的客观情况。

五、简答题

简述知识产权的客体。

9. 法律规定；当事人约定。（《民法典》第131条）

10. 不得；社会公共利益。（《民法典》第132条）

11. 法律规定；当事人约定。（《民法典》第176条）

12. 不承担；不能避免；不能克服。（《民法典》第180条）

五、简答题

答：根据《民法典》第123条第2款规定，知识产权是权利人依法就下列客体享有的专有的权利：（1）作品；（2）发明、实用新型、外观设计；（3）商标；（4）地理标志；（5）商业秘密；（6）集成电路布图设计；（7）植物新品种；（8）法律规定的其他客体。

专题六

民事诉讼时效

一、判断题

1. 当事人约定同一债务分期履行的，诉讼时效期间自第一期履行期限届满之日起计算。（　　）
2. 无民事行为能力人或者限制民事行为能力人对其法定代理人的请求权的诉讼时效期间，自该法定代理终止之日起计算。（　　）
3. 未成年人遭受性侵害的损害赔偿请求权的诉讼时效期间，自受害人年满 18 周岁之日起计算。（　　）
4. 人民法院不得主动适用诉讼时效的规定。（　　）

二、单项选择题

1. 向人民法院请求保护民事权利的诉讼时效期间为（　　）。法律另有规定的，依照其规定。

   A. 6 个月

   B. 1 年

   C. 2 年

   D. 3 年

2. 自权利受到损害之日起超过（　　）的，人民法院不予保护，有特殊情况的，人民法院可以根据权利人的申请决定延长。

   A. 5 年　　B. 10 年

   C. 20 年　　D. 30 年

参考答案

一、判断题

1. ×，解析：根据《民法典》第 189 条规定，当事人约定同一债务分期履行的，诉讼时效期间自最后一期履行期限届满之日起计算。
2. √，解析：根据《民法典》第 190 条规定。
3. √，解析：根据《民法典》第 191 条规定。
4. √，解析：根据《民法典》第 193 条规定。

二、单项选择题

1. D，解析：根据《民法典》第 188 条第 1 款规定，向人民法院请求保护民事权利的诉讼时效期间为 3 年。法律另有规定的，依照其规定。
2. C，解析：根据《民法典》第 188 条第 2 款规定，诉讼时效期间自权利人知道或者应当知道权利受到损害以及义务人之日起计算。法律另有规定的，依照其规定。但是，自权利受到损害之日起超过 20 年的，人民法院不予保护，有特殊情况的，人民法院可以根据权利人的申请决定延长。

3. 未成年人遭受性侵害的损害赔偿请求权的诉讼时效期间，自(　　)之日起计算。

A. 未成年人知道或者应当知道权利受到损害以及义务人

B. 受害人年满 18 周岁

C. 该法定代理中止

D. 该法定代理终止

4. 当事人对诉讼时效利益的预先放弃(　　)。

A. 有效　　B. 效力待定

C. 无效　　D. 经确认后有效

三、多项选择题

1. 下列关于诉讼时效期间的说法正确的是：(　　)

A. 向人民法院请求保护民事权利的诉讼时效期间为 3 年

B. 当事人约定同一债务分期履行的，诉讼时效期间自第一期履行期限届满之日起计算

C. 自权利受到损害之日起超过 20 年的，人民法院不予保护

D. 无民事行为能力人或者限制民事行为能力人对其法定代理人的请求权的诉讼时效期间，自该法定代理终止之日起计算

2. 有(　　)的，诉讼时效中断，从中断、有关程序终结时起，诉讼时效期间重新计算。

A. 权利人向义务人提出履行请求

B. 义务人同意履行义务

C. 权利人提起诉讼

D. 权利人申请仲裁

3. 下列不适用诉讼时效的是：(　　)

A. 请求停止侵害　　B. 请求排除妨碍

C. 请求消除危险　　D. 请求支付抚养费

3. B，解析：根据《民法典》第 191 条规定，未成年人遭受性侵害的损害赔偿请求权的诉讼时效期间，自受害人年满 18 周岁之日起计算。
4. C，解析：根据《民法典》第 197 条第 2 款规定，当事人对诉讼时效利益的预先放弃无效。

三、多项选择题

1. ACD，解析：根据《民法典》第188 条规定，向人民法院请求保护民事权利的诉讼时效期间为 3 年。法律另有规定的，依照其规定。诉讼时效期间自权利人知道或者应当知道权利受到损害以及义务人之日起计算。法律另有规定的，依照其规定。但是，自权利受到损害之日起超过 20 年的，人民法院不予保护，有特殊情况的，人民法院可以根据权利人的申请决定延长。根据《民法典》第 189 条规定，当事人约定同一债务分期履行的，诉讼时效期间自最后一期履行期限届满之日起计算。根据《民法典》第 190 条规定，无民事行为能力人或者限制民事行为能力人对其法定代理人的请求权的诉讼时效期间，自该法定代理终止之日起计算。
2. ABCD，解析：根据《民法典》第 195 条规定，有下列情形之一的，诉讼时效中断，从中断、有关程序终结时起，诉讼时效期间重新计算：（1）权利人向义务人提出履行请求；（2）义务人同意履行义务；（3）权利人提起诉讼或者申请仲裁；（4）与提起诉讼或者申请仲裁具有同等效力的其他情形。
3. ABCD，解析：根据《民法典》第 196 条规定，下列请求权不适用诉讼时效的规定：（1）请求停止侵害、排除妨碍、消除危险；（2）不动产物权和登记的动产物权的权利人请求返还财产；（3）请求支付抚养费、赡养费或者扶养费；（4）依法不适用诉讼时效的其他请求权。

4. 诉讼时效的(　　)由法律规定，当事人约定无效。

A. 期间　　B. 计算方法

C. 中止的事由　　D. 中断的事由

四、填空题

1. 向人民法院请求保护民事权利的诉讼时效期间为____。法律另有规定的，依照其规定。
2. 诉讼时效期间自权利人知道或者应当知道____以及____之日起计算。法律另有规定的，依照其规定。但是，自权利受到损害之日起超过____的，人民法院不予保护，有特殊情况的，人民法院可以根据权利人的申请____延长。
3. 未成年人遭受性侵害的损害赔偿请求权的诉讼时效期间，自____之日起计算。
4. 诉讼时效期间届满后，义务人同意履行的，不得以____为由抗辩；义务人已经自愿履行的，不得请求____。
5. 下列请求权不适用诉讼时效的规定：(1) 请求停止侵害、____、消除危险；(2) 不动产物权和登记的动产物权的权利人请求____；(3) 请求支付抚养费、____或者扶养费；(4) 依法不适用诉讼时效的其他请求权。
6. 法律对仲裁时效有规定的，依照其规定；没有规定的，适用____的规定。
7. 法律规定或者当事人约定的撤销权、解除权等权利的存续期间，除法律另有规定外，自权利人知道或者应当知道权利产生之日起计算，____有关诉讼时效中止、中断和延长的规定。存续期间届满，撤销权、解除权等____。

五、简答题

简述导致诉讼时效中止的情形。

4. ABCD，解析：根据《民法典》第197条第1款规定，诉讼时效的期间、计算方法以及中止、中断的事由由法律规定，当事人约定无效。

四、填空题

1. 3年。（《民法典》第188条第1款）
2. 权利受到损害；义务人；20年；决定。（《民法典》第188条第2款）
3. 受害人年满18周岁。（《民法典》第191条）
4. 诉讼时效期间届满；返还。（《民法典》第192条第2款）
5. 排除妨碍；返还财产；赡养费。（《民法典》第196条）
6. 诉讼时效。（《民法典》第198条）
7. 不适用；权利消灭。（《民法典》第199条）

五、简答题

答：根据《民法典》第194条规定，在诉讼时效期间的最后6个月内，因下列障碍，不能行使请求权的，诉讼时效中止：（1）不可抗力；（2）无民事行为能力人或者限制民事行为能力人没有法定代理人，或者法定代理人死亡、丧失民事行为能力、丧失代理权；（3）继承开始后未确定继承人或者遗产管理人；（4）权利人被义务人或者其他人控制；（5）其他导致权利人不能行使请求权的障碍。自中止时效的原因消除之日起满6个月，诉讼时效期间届满。

专题七

物 权

第一讲 物权的产生、变更、转让与消灭

一、判断题

1. 不动产物权的设立、变更、转让和消灭，无论是否登记，均发生效力，但是法律另有规定的除外。( )
2. 当事人申请登记，应当根据不同登记事项提供权属证明和不动产界址、面积等必要材料。( )
3. 登记机构可以要求对不动产进行评估。( )
4. 当事人之间订立有关设立、变更、转让和消灭不动产物权的合同，除法律另有规定或者当事人另有约定外，自合同成立时生效；未办理物权登记的，影响合同效力。( )
5. 权利人、利害关系人可以申请查询、复制不动产登记资料，登记机构应当提供。( )
6. 权利人、利害关系人认为不动产登记簿记载的事项错误的，可以申请更正登记。不动产登记簿记载的权利人书面同意更正或者有证据证明登记确有错误的，登记机构应当予以更正。( )
7. 不动产登记费按件收取，也可以按照不动产的面积、体积或者价款的比例收取。( )
8. 船舶、航空器和机动车等的物权的设立、变更、转让和消灭，未经登记，可以对抗善意第三人。( )

参考答案

一、判断题

1. ×，解析：根据《民法典》第 209 条规定，不动产物权的设立、变更、转让和消灭，经依法登记，发生效力；未经登记，不发生效力，但是法律另有规定的除外。依法属于国家所有的自然资源，所有权可以不登记。
2. √，解析：根据《民法典》第 211 条规定，当事人申请登记，应当根据不同登记事项提供权属证明和不动产界址、面积等必要材料。
3. ×，解析：根据《民法典》第 213 条规定，登记机构不得有下列行为：（1）要求对不动产进行评估；（2）以年检等名义进行重复登记；（3）超出登记职责范围的其他行为。
4. ×，解析：根据《民法典》第 215 条规定，当事人之间订立有关设立、变更、转让和消灭不动产物权的合同，除法律另有规定或者当事人另有约定外，自合同成立时生效；未办理物权登记的，不影响合同效力。
5. √，解析：根据《民法典》第 218 条规定，权利人、利害关系人可以申请查询、复制不动产登记资料，登记机构应当提供。
6. √，解析：根据《民法典》第 220 条规定。
7. ×，解析：根据《民法典》第 223 条规定，不动产登记费按件收取，不得按照不动产的面积、体积或者价款的比例收取。
8. ×，解析：根据《民法典》第 225 条规定，船舶、航空器和机动车等的物权的设立、变更、转让和消灭，未经登记，不得对抗善意第三人。

二、单项选择题

1. 关于不动产物权的登记申请材料，以下说法错误的是：(　　)

A. 当事人申请登记，应当根据不同登记事项提供权属证明等必要材料

B. 当事人申请登记，应当根据不同登记事项提供不动产界址等必要材料

C. 当事人申请登记，应当根据不同登记事项提供不动产面积等必要材料

D. 当事人申请登记，无须提供材料

2. 关于不动产物权的登记机构的职责，以下说法错误的是：(　　)

A. 查验申请人提供的权属证明和其他必要材料

B. 就有关登记事项询问申请人

C. 如实、及时登记有关事项

D. 申请登记的不动产的有关情况需要进一步证明的，登记机构应当要求申请人补充材料，必要时应当实地查看

3. 不动产物权的设立，依照法律规定应当登记的，自(　　)时发生效力。

A. 不动产物权交付　　B. 取得不动产权属证书

C. 记载于不动产登记簿　　D. 不动产物权合同签订

4. 关于不动产登记簿，以下说法正确的是：(　　)

A. 不动产登记簿是物权归属和内容的根据

B. 不动产登记簿由物权人管理

C. 不动产登记簿由业主委员会管理

D. 不动产登记簿由用益物权人管理

二、单项选择题

1. D，解析：根据《民法典》第 211 条规定，当事人申请登记，应当根据不同登记事项提供权属证明和不动产界址、面积等必要材料。
2. D，解析：根据《民法典》第 212 条规定，登记机构应当履行下列职责：（1）查验申请人提供的权属证明和其他必要材料；（2）就有关登记事项询问申请人；（3）如实、及时登记有关事项；（4）法律、行政法规规定的其他职责。申请登记的不动产的有关情况需要进一步证明的，登记机构可以要求申请人补充材料，必要时可以实地查看。
3. C，解析：根据《民法典》第 214 条规定，不动产物权的设立、变更、转让和消灭，依照法律规定应当登记的，自记载于不动产登记簿时发生效力。
4. A，解析：根据《民法典》第 216 条规定，不动产登记簿是物权归属和内容的根据。不动产登记簿由登记机构管理。

5. 关于不动产登记资料，以下说法错误的是：（　　）

A. 权利人可以申请查询、复制不动产登记资料

B. 利害关系人可以申请查询、复制不动产登记资料

C. 任何人均可以申请查询、复制不动产登记资料

D. 利害关系人不得公开、非法使用权利人的不动产登记资料

6. 关于预告登记，以下说法错误的是：（　　）

A. 当事人签订买卖房屋的协议或者签订其他不动产物权的协议，按照约定可以向登记机构申请预告登记

B. 预告登记后，未经预告登记的权利人同意，处分该不动产的，发生物权效力

C. 预告登记后，债权消灭或者自能够进行不动产登记之日起90日内未申请登记的，预告登记失效

D. 预告登记是为了保障将来实现物权

7. 关于登记错误的责任承担，以下说法错误的是：（　　）

A. 当事人提供虚假材料申请登记，造成他人损害的，应当承担赔偿责任

B. 因登记错误，造成他人损害的，登记机构应当承担赔偿责任

C. 登记机构赔偿后，不得向造成登记错误的人追偿

D. 登记机构赔偿后，可以向造成登记错误的人追偿

8. 动产物权的设立和转让，自（　　）时发生效力，但是法律另有规定的除外。

A. 登记　　B. 合同成立

C. 合同生效　　D. 交付

9. 因合法建造、拆除房屋等事实行为设立或者消灭物权的，自（　　）时发生效力。

A. 物权登记　　B. 事实行为成就

C. 物权转让　　D. 不动产交付

5. C，解析：根据《民法典》第 218 条规定，权利人、利害关系人可以申请查询、复制不动产登记资料，登记机构应当提供。根据《民法典》第 219 条规定，利害关系人不得公开、非法使用权利人的不动产登记资料。

6. B，解析：根据《民法典》第 221 条规定，当事人签订买卖房屋的协议或者签订其他不动产物权的协议，为保障将来实现物权，按照约定可以向登记机构申请预告登记。预告登记后，未经预告登记的权利人同意，处分该不动产的，不发生物权效力。预告登记后，债权消灭或者自能够进行不动产登记之日起 90 日内未申请登记的，预告登记失效。

7. C，解析：根据《民法典》第 222 条规定，当事人提供虚假材料申请登记，造成他人损害的，应当承担赔偿责任。因登记错误，造成他人损害的，登记机构应当承担赔偿责任。登记机构赔偿后，可以向造成登记错误的人追偿。

8. D，解析：根据《民法典》第 224 条规定，动产物权的设立和转让，自交付时发生效力，但是法律另有规定的除外。

9. B，解析：根据《民法典》第 231 条规定，因合法建造、拆除房屋等事实行为设立或者消灭物权的，自事实行为成就时发生效力。

三、多项选择题

1. 关于不动产物权的登记，以下说法正确的是：(　　)

A. 不动产物权的设立、变更、转让和消灭，经依法登记，发生效力

B. 不动产物权的设立、变更、转让和消灭，未经登记，不发生效力

C. 属于国家所有的自然资源，所有权可以不登记

D. 所有动产物权的设立和转让，未经登记，不发生效力

2. 我国对不动产实行统一登记制度。统一登记的(　　)，由法律、行政法规规定。

A. 范围

B. 登记机构

C. 登记办法

D. 以上说法均正确

3. 关于不动产物权的登记机构禁止从事的行为，以下说法正确的是：(　　)

A. 登记机构不得要求对不动产进行评估

B. 登记机构不得以年检等名义进行重复登记

C. 登记机构不得有超出登记职责范围的其他行为

D. 登记机构可以要求对不动产进行评估

4. 关于不动产登记簿与不动产权属证书的关系，以下说法正确的是：(　　)

A. 不动产权属证书是权利人享有该不动产物权的证明

B. 不动产登记簿是物权归属和内容的根据

C. 不动产权属证书记载的事项，应当与不动产登记簿一致

D. 记载不一致的，除有证据证明不动产登记簿确有错误外，以不动产登记簿为准

三、多项选择题

1. ABC，解析：根据《民法典》第209条规定，不动产物权的设立、变更、转让和消灭，经依法登记，发生效力；未经登记，不发生效力，但是法律另有规定的除外。依法属于国家所有的自然资源，所有权可以不登记。
2. ABCD，解析：根据《民法典》第210条规定，不动产登记，由不动产所在地的登记机构办理。国家对不动产实行统一登记制度。统一登记的范围、登记机构和登记办法，由法律、行政法规规定。
3. ABC，解析：根据《民法典》第213条规定，登记机构不得有下列行为：（1）要求对不动产进行评估；（2）以年检等名义进行重复登记；（3）超出登记职责范围的其他行为。
4. ABCD，解析：根据《民法典》第216条第1款规定，不动产登记簿是物权归属和内容的根据。根据《民法典》第217条规定，不动产权属证书是权利人享有该不动产物权的证明。不动产权属证书记载的事项，应当与不动产登记簿一致；记载不一致的，除有证据证明不动产登记簿确有错误外，以不动产登记簿为准。

5. 关于不动产登记费用，以下说法正确的是：（　　）

A. 不动产登记费按件收取

B. 不动产登记费不得按照不动产的面积的比例收取

C. 不动产登记费不得按照不动产的体积的比例收取

D. 不动产登记费不得按照不动产的价款的比例收取

6. 下列交付方式不属于占有改定的是：（　　）

A. 动产物权设立和转让前，第三人占有该动产的，负有交付义务的人可以通过转让请求第三人返还原物的权利代替交付

B. 动产物权设立和转让前，权利人已经占有该动产的，物权自民事法律行为生效时发生效力

C. 动产物权转让时，当事人又约定由出让人继续占有该动产的，物权自该约定生效时发生效力

D. 动产物权的设立和转让，自交付时发生效力，但是法律另有规定的除外

7. 下列关于继承取得物权的说法错误的是：（　　）

A. 因继承取得物权的，自物权登记时发生效力

B. 因继承取得物权的，自物权交付时发生效力

C. 因继承取得物权的，自物权转让时发生效力

D. 因继承取得物权的，自继承开始时发生效力

四、填空题

1. ____的设立、变更、转让和消灭，经依法登记，发生效力；未经登记，不发生效力，但是法律另有规定的除外。依法属于____，所有权可以不登记。

2. 登记机构不得有下列行为：（1）要求对不动产进行____；（2）以年检等名义进行____；（3）超出____的其他行为。

5. ABCD，解析：根据《民法典》第 223 条规定，不动产登记费按件收取，不得按照不动产的面积、体积或者价款的比例收取。
6. ABD，解析：根据《民法典》第 228 条规定，动产物权转让时，当事人又约定由出让人继续占有该动产的，物权自该约定生效时发生效力。
7. ABC，解析：根据《民法典》第 230 条规定，因继承取得物权的，自继承开始时发生效力。

四、填空题

1. 不动产物权；国家所有的自然资源。（《民法典》第 209 条）
2. 评估；重复登记；登记职责范围。（《民法典》第 213 条）

3. 不动产物权的设立、变更、转让和消灭，依照法律规定应当登记的，自记载于____时发生效力。
4. 不动产登记簿是____的根据。不动产登记簿由____管理。
5. ____是权利人享有该不动产物权的证明。不动产权属证书记载的事项，应当与不动产登记簿一致；记载不一致的，除有证据证明不动产登记簿确有错误外，以____为准。
6. 权利人、利害关系人可以申请____不动产登记资料，登记机构____提供。
7. 当事人提供____申请登记，造成他人损害的，应当承担赔偿责任。因登记错误，造成他人损害的，登记机构应当承担赔偿责任。登记机构赔偿后，可以向造成登记错误的人____。
8. 不动产登记费____收取，不得按照不动产的____收取。
9. 动产物权的设立和转让，自____时发生效力，但是法律另有规定的除外。

五、简答题

简述动产物权的变动。

3. 不动产登记簿。（《民法典》第 214 条）

4. 物权归属和内容；登记机构。（《民法典》第 216 条）

5. 不动产权属证书；不动产登记簿。（《民法典》第 217 条）

6. 查询、复制；应当。（《民法典》第 218 条）

7. 虚假材料；追偿。（《民法典》第 222 条）

8. 按件；面积、体积或者价款的比例。（《民法典》第 223 条）

9. 交付。（《民法典》第 224 条）

五、简答题

答：动产物权的变动，是指动产物权的设立、变更、转让和消灭。动产物权变动需有能够引起物权变动的法律事实，主要包括法律行为、事件和事实行为、公法上的原因。通常可以将动产物权的变动分为基于法律行为的物权变动和非基于法律行为的物权变动。

1. 基于法律行为的动产物权变动，除法律另有规定外，以交付作为物权设立与转让的生效条件。交付是转移标的物占有的行为，交付方式包括：（1）现实交付，即将出让物置于受让人的实际控制之下。（2）简易交付，动产物权的受让人因合同业已占有出让人的出让物的，出让人与受让人达成物权转让合意或设立合意时，交付即完成。（3）指示交付，出让人的出让动产被第三人占有的，出让人将返还请求权让与受让人，并告知占有人向受让人交付该动产，交付即完成。（4）占有改定，出让人在转让物权后，仍需要继续占有出让的动产的，由出让人与受让人订立合同，由出让人继续占有该动产，在约定期限届满时，出让人再按约定将该动产交还受让人占有，即为占有改定。

2. 非基于法律行为的动产物权变动不需要公示。根据《民法典》物权编的相关规定，因人民法院、仲裁委员会的法律文书或者人民政府的征收决定等，导致物权设立、变更、转让或者消灭的，自法律文书或者人民政府的征收决定等生效时发生效力。因继承取得物权的，自继承开始时发生效力。因事实行为设立或者消灭物权的，自事实行为成就时发生效力。

第二讲 所有权

一、判断题

1. 所有权人有权在自己的不动产或者动产上设立用益物权和担保物权。( )
2. 为了公共利益的需要，依照法律规定的权限和程序可以征收集体所有的土地和组织、个人的房屋以及其他不动产。( )
3. 被征用的不动产或者动产使用后，可以视情况返还被征用人。( )
4. 法律规定属于国家所有的财产，属于国家所有即全民所有。( )
5. 无居民海岛属于国家所有。( )
6. 森林、山岭、草原、荒地、滩涂等自然资源，无一例外全部属于国家所有。( )
7. 所有的野生动植物资源，均属于国家所有。( )
8. 国防资产属于国家所有。( )
9. 国家举办的事业单位对其直接支配的不动产和动产，享有占有、使用以及依照法律和国务院的有关规定收益、处分的权利。( )
10. 国家所有的财产受法律保护，禁止任何组织或者个人侵占、哄抢、私分、截留、破坏。( )
11. 集体所有的不动产和动产包括城市的土地。( )
12. 农民集体所有的不动产和动产，属于本集体成员集体所有。( )
13. 属于村农民集体所有的土地和森林、山岭、草原、荒地、滩涂等，由村集体经济组织或者村民委员会依法代表集体行使所有权。( )

参考答案

一、判断题

1. √，解析：根据《民法典》第 241 条规定。
2. √，解析：根据《民法典》第 243 条第 1 款规定。
3. ×，解析：根据《民法典》第 245 条规定，因抢险救灾、疫情防控等紧急需要，依照法律规定的权限和程序可以征用组织、个人的不动产或者动产。被征用的不动产或者动产使用后，应当返还被征用人。组织、个人的不动产或者动产被征用或者征用后毁损、灭失的，应当给予补偿。
4. √，解析：根据《民法典》第 246 条规定。
5. √，解析：根据《民法典》第 248 条规定。
6. ×，解析：根据《民法典》第 250 条规定，森林、山岭、草原、荒地、滩涂等自然资源，属于国家所有，但是法律规定属于集体所有的除外。
7. ×，解析：根据《民法典》第 251 条规定，法律规定属于国家所有的野生动植物资源，属于国家所有。
8. √，解析：根据《民法典》第 254 条规定。
9. √，解析：根据《民法典》第 256 条规定。
10. √，解析：根据《民法典》第 258 条规定。
11. ×，解析：根据《民法典》第 260 条规定，集体所有的不动产和动产包括：（1）法律规定属于集体所有的土地和森林、山岭、草原、荒地、滩涂；（2）集体所有的建筑物、生产设施、农田水利设施；（3）集体所有的教育、科学、文化、卫生、体育等设施；（4）集体所有的其他不动产和动产。
12. √，解析：根据《民法典》第 261 条规定。
13. √，解析：根据《民法典》第 262 条规定。

14. 国家、集体和私人依法可以出资设立有限责任公司、股份有限公司或者其他企业。(　　)

15. 社会团体法人、捐助法人依法所有的不动产和动产，受法律保护。(　　)

16. 业主对其建筑物共有部分享有占有、使用、收益和处分的权利。(　　)

二、单项选择题

1. 关于所有权的权能以下说法错误的是：(　　)

A. 所有权人对自己的不动产或者动产，依法享有占有、使用的权利

B. 所有权人对自己的不动产或者动产，依法享有收益的权利

C. 所有权不是最完全的物权

D. 所有权人对自己的不动产或者动产，依法享有处分的权利

2. 法律规定专属于国家所有的不动产和动产，任何组织或者个人不能取得(　　)。

A. 经营权

B. 使用权

C. 占有权

D. 所有权

3. 关于耕地的保护，以下说法错误的是：(　　)

A. 我国对耕地实行特殊保护

B. 我国适当限制农用地转为建设用地

C. 我国控制建设用地总量

D. 不得违反法律规定的权限和程序征收集体所有的土地

4. 无居民海岛属于国家所有，(　　)代表国家行使无居民海岛所有权。

A. 全国人大　　B. 国务院

C. 全国人大常委会　　D. 国有企业

14. √，解析：根据《民法典》第268条规定。

15. √，解析：根据《民法典》第270条规定。

16. ×，解析：根据《民法典》第272条规定，业主对其建筑物专有部分享有占有、使用、收益和处分的权利。业主行使权利不得危及建筑物的安全，不得损害其他业主的合法权益。

二、单项选择题

1. C，解析：根据《民法典》第240条规定，所有权人对自己的不动产或者动产，依法享有占有、使用、收益和处分的权利。所有权是最完全的物权。

2. D，解析：根据《民法典》第242条规定，法律规定专属于国家所有的不动产和动产，任何组织或者个人不能取得所有权。

3. B，解析：根据《民法典》第244条规定，国家对耕地实行特殊保护，严格限制农用地转为建设用地，控制建设用地总量。不得违反法律规定的权限和程序征收集体所有的土地。

4. B，解析：根据《民法典》第248条规定，无居民海岛属于国家所有，国务院代表国家行使无居民海岛所有权。

5. 国家机关对其直接支配的不动产和动产，不享有(　　)的权利。

A. 占有

B. 使用

C. 收益

D. 依照法律和国务院的有关规定处分

6. 以下单位中，可以对其直接支配的不动产和动产，依照法律和国务院的有关规定进行收益、处分的是：(　　)

A. 中国社会科学院　　B. 财政部

C. 外交部　　D. 国家发展和改革委员会

7. 国家出资的企业，由(　　)依照法律、行政法规规定分别代表国家履行出资人职责，享有出资人权益。

A. 全国人大　　B. 地方人大

C. 国有企业　　D. 国务院、地方人民政府

8. 关于国家所有权的保护，以下说法错误的是：(　　)

A. 国家所有的财产受法律保护，禁止任何组织或者个人侵占、哄抢

B. 国家所有的财产受法律保护，禁止任何组织或者个人截留、私分

C. 国家所有的财产受法律保护，禁止任何组织或者个人使用、收益

D. 国家所有的财产受法律保护，禁止任何组织或者个人破坏

9. 集体所有的不动产和动产不包括：(　　)

A. 矿藏　　B. 集体所有的建筑物

C. 集体所有的土地　　D. 集体所有的教育设施

5. C，解析：根据《民法典》第 255 条规定，国家机关对其直接支配的不动产和动产，享有占有、使用以及依照法律和国务院的有关规定处分的权利。
6. A，解析：根据《民法典》第 256 条规定，国家举办的事业单位对其直接支配的不动产和动产，享有占有、使用以及依照法律和国务院的有关规定收益、处分的权利。选项中，A 为国务院直属事业单位，其他均为国家机关。
7. D，解析：根据《民法典》第 257 条规定，国家出资的企业，由国务院、地方人民政府依照法律、行政法规规定分别代表国家履行出资人职责，享有出资人权益。
8. C，解析：根据《民法典》第 258 条规定，国家所有的财产受法律保护，禁止任何组织或者个人侵占、哄抢、私分、截留、破坏。
9. A，解析：根据《民法典》第 260 条规定，集体所有的不动产和动产包括：（1）法律规定属于集体所有的土地和森林、山岭、草原、荒地、滩涂；（2）集体所有的建筑物、生产设施、农田水利设施；（3）集体所有的教育、科学、文化、卫生、体育等设施；（4）集体所有的其他不动产和动产。

10. 关于城镇集体所有权，以下表述错误的是：（　　）

A. 城镇集体所有的不动产，依照法律、行政法规的规定由本集体享有占有和使用的权利

B. 城镇集体所有的动产，依照法律、行政法规的规定由本集体享有收益和处分的权利

C. 城镇集体所有的不动产，依照法律、行政法规的规定由本集体享有收益和处分的权利

D. 城镇集体所有的不动产和动产，依照法律、行政法规的规定均由本集体成员个人享有占有、使用、收益和处分的权利

11. 私人对（　　）不享有所有权。

A. 合法的收入　　B. 城市的土地

C. 合法的生活用品　　D. 合法的生产工具、原材料

12. 关于私有财产的保护，以下说法错误的是：（　　）

A. 私人的合法财产受法律保护，禁止任何组织或者个人侵占

B. 私人的合法财产受法律保护，禁止任何组织或者个人哄抢

C. 私人的合法财产受法律保护，禁止任何组织或者个人破坏

D. 私人的合法财产受法律保护，禁止任何组织或者个人使用

13. 关于营利法人的权利，以下说法错误的是：（　　）

A. 营利法人对其不动产和动产依照法律享有占有的权利

B. 营利法人对其不动产和动产依照行政法规享有使用的权利

C. 营利法人对其不动产和动产依照章程享有收益的权利

D. 营利法人对其不动产和动产依照规章享有处分的权利

14. 关于建筑物区分所有权，以下说法错误的是：（　　）

A. 业主对建筑物内的住宅专有部分享有所有权

B. 业主对建筑物内的经营性用房专有部分享有所有权

C. 业主对建筑物内的住宅共有部分享有所有权

D. 业主对专有部分以外的共有部分享有共有和共同管理的权利

10. D，解析：根据《民法典》第263条规定，城镇集体所有的不动产和动产，依照法律、行政法规的规定由本集体享有占有、使用、收益和处分的权利。

11. B，解析：根据《民法典》第266条规定，私人对其合法的收入、房屋、生活用品、生产工具、原材料等不动产和动产享有所有权。

12. D，解析：根据《民法典》第267条规定，私人的合法财产受法律保护，禁止任何组织或者个人侵占、哄抢、破坏。

13. D，解析：根据《民法典》第269条规定，营利法人对其不动产和动产依照法律、行政法规以及章程享有占有、使用、收益和处分的权利。营利法人以外的法人，对其不动产和动产的权利，适用有关法律、行政法规以及章程的规定。

14. C，解析：根据《民法典》第271条规定，业主对建筑物内的住宅、经营性用房等专有部分享有所有权，对专有部分以外的共有部分享有共有和共同管理的权利。

15. 关于建筑物区分所有权专有部分的权利义务，以下说法错误的是：（ ）

A. 业主对其建筑物共有部分享有占有和使用的权利

B. 业主对其建筑物专有部分享有收益和处分的权利

C. 业主行使权利不得损害其他业主的合法权益

D. 业主行使权利不得危及建筑物的安全

16. 关于相邻关系，以下说法错误的是：（ ）

A. 法律、法规对处理相邻关系有规定的，依照其规定

B. 法律、法规没有规定的，可以按照当地习惯

C. 处理相邻关系首先按照当地习惯处理

D. 不动产的相邻权利人应当按照有利生产、方便生活、团结互助、公平合理的原则，正确处理相邻关系

17. 关于按份共有的优先购买权，以下说法错误的是：（ ）

A. 按份共有人转让其享有的共有的不动产的，应当将转让条件及时通知其他共有人

B. 其他共有人应当在合理期限内行使优先购买权

C. 两个以上其他共有人主张行使优先购买权的，协商确定各自的购买比例

D. 协商不成的，由转让时共有份额多的共有人行使优先购买权

18. 关于善意取得的构成要件，以下说法错误的是：（ ）

A. 受让人受让该不动产或者动产时是善意

B. 以合理的价格转让

C. 转让的不动产或者动产依照法律规定应当登记的已经登记，不需要登记的已经交付给受让人

D. 善意取得制度的适用前提是有权处分

15. A，解析：根据《民法典》第 272 条规定，业主对其建筑物专有部分享有占有、使用、收益和处分的权利。业主行使权利不得危及建筑物的安全，不得损害其他业主的合法权益。

16. C，解析：根据《民法典》第 289 条规定，法律、法规对处理相邻关系有规定的，依照其规定；法律、法规没有规定的，可以按照当地习惯。

17. D，解析：根据《民法典》第 306 条规定，按份共有人转让其享有的共有的不动产或者动产份额的，应当将转让条件及时通知其他共有人。其他共有人应当在合理期限内行使优先购买权。两个以上其他共有人主张行使优先购买权的，协商确定各自的购买比例；协商不成的，按照转让时各自的共有份额比例行使优先购买权。

18. D，解析：根据《民法典》第 311 条规定，无处分权人将不动产或者动产转让给受让人的，所有权人有权追回；除法律另有规定外，符合下列情形的，受让人取得该不动产或者动产的所有权：（1）受让人受让该不动产或者动产时是善意的；（2）以合理的价格转让；（3）转让的不动产或者动产依照法律规定应当登记的已经登记，不需要登记的已经交付给受让人。受让人依照前款规定取得不动产或者动产的所有权的，原所有权人有权向无处分权人请求损害赔偿。当事人善意取得其他物权的，参照适用前两款规定。

19. 关于拾得遗失物，以下说法错误的是：(　　)

A. 拾得人可以将遗失物拍卖或者变卖

B. 拾得人应当及时通知权利人领取

C. 拾得人应当送交公安等有关部门

D. 拾得遗失物，应当返还权利人

20. 关于遗失物的保管费用以及悬赏广告，以下说法错误的是：(　　)

A. 权利人领取遗失物时，应当向拾得人或者有关部门支付保管遗失物等支出的必要费用

B. 权利人悬赏寻找遗失物的，领取遗失物时应当按照承诺履行义务

C. 拾得人侵占遗失物的，无权请求保管遗失物等支出的费用

D. 拾得人侵占遗失物的，有权请求权利人按照承诺履行义务

21. 关于孳息的取得，以下说法错误的是：(　　)

A. 天然孳息，由所有权人取得

B. 天然孳息，既有所有权人又有用益物权人的，由所有权人取得

C. 法定孳息，当事人有约定的，按照约定取得

D. 法定孳息，没有约定或者约定不明确的，按照交易习惯取得

三、多项选择题

1. 关于国家所有权及其行使，以下说法正确的是：(　　)

A. 法律规定属于国家所有的财产，属于国家所有即全民所有

B. 国有财产原则上由国务院代表国家行使所有权

C. 法律关于国家所有权及其行使另有规定的，依照其规定

D. 国有财产原则上由全国人大代表国家行使所有权

2. (　　)属于国家所有。

A. 海域　　B. 矿藏

C. 水流　　D. 无居民海岛

19. A，解析：根据《民法典》第 314 条规定，拾得遗失物，应当返还权利人。拾得人应当及时通知权利人领取，或者送交公安等有关部门。

20. D，解析：根据《民法典》第 317 条规定，权利人领取遗失物时，应当向拾得人或者有关部门支付保管遗失物等支出的必要费用。权利人悬赏寻找遗失物的，领取遗失物时应当按照承诺履行义务。拾得人侵占遗失物的，无权请求保管遗失物等支出的费用，也无权请求权利人按照承诺履行义务。

21. B，解析：根据《民法典》第 321 条规定，天然孳息，由所有权人取得；既有所有权人又有用益物权人的，由用益物权人取得。当事人另有约定的，按照其约定。法定孳息，当事人有约定的，按照约定取得；没有约定或者约定不明确的，按照交易习惯取得。

三、多项选择题

1. ABC，解析：根据《民法典》第 246 条规定，法律规定属于国家所有的财产，属于国家所有即全民所有。国有财产由国务院代表国家行使所有权。法律另有规定的，依照其规定。

2. ABCD，解析：根据《民法典》第 247 条规定，矿藏、水流、海域属于国家所有。根据《民法典》第 248 条规定，无居民海岛属于国家所有，国务院代表国家行使无居民海岛所有权。

3. (   )等自然资源，属于国家所有，但是法律规定属于集体所有的除外。

A. 滩涂　　B. 山岭　　C. 荒地　　D. 森林

4. (   )属于国家所有。

A. 法律规定属于国家所有的文物

B. 无线电频谱资源

C. 城市的土地

D. 法律规定属于国家所有的野生动植物资源

5. 国家机关对其直接支配的不动产和动产，享有(   )的权利。

A. 占有

B. 使用

C. 收益

D. 依照法律和国务院的有关规定处分

6. 国家举办的事业单位对其直接支配的不动产和动产，享有(   )的权利。

A. 占有

B. 依照法律和国务院的有关规定收益

C. 使用

D. 依照法律和国务院的有关规定处分

7. 关于私有财产的保护，以下说法正确的是：(   )

A. 私人的合法财产受法律保护，禁止任何组织或者个人侵占

B. 私人的非法财产受法律保护，禁止任何组织或者个人哄抢

C. 私人的合法财产受法律保护，禁止任何组织或者个人破坏

D. 私人的非法财产受法律保护，禁止任何组织或者个人侵占

3. ABCD，解析：根据《民法典》第 250 条规定，森林、山岭、草原、荒地、滩涂等自然资源，属于国家所有，但是法律规定属于集体所有的除外。

4. ABCD，解析：根据《民法典》第 249 条规定，城市的土地，属于国家所有。法律规定属于国家所有的农村和城市郊区的土地，属于国家所有。根据《民法典》第 251 条规定，法律规定属于国家所有的野生动植物资源，属于国家所有。根据《民法典》第 252 条规定，无线电频谱资源属于国家所有。根据《民法典》第 253 条规定，法律规定属于国家所有的文物，属于国家所有。

5. ABD，解析：根据《民法典》第 255 条规定，国家机关对其直接支配的不动产和动产，享有占有、使用以及依照法律和国务院的有关规定处分的权利。

6. ABCD，解析：根据《民法典》第 256 条规定，国家举办的事业单位对其直接支配的不动产和动产，享有占有、使用以及依照法律和国务院的有关规定收益、处分的权利。

7. AC，解析：根据《民法典》第 267 条规定，私人的合法财产受法律保护，禁止任何组织或者个人侵占、哄抢、破坏。

8. 关于企业出资人，以下说法正确的是：(　　)

A. 国家、集体和私人依法可以出资设立有限责任公司、股份有限公司或者其他企业

B. 国家、集体和私人所有的不动产或者动产投到企业的，由出资人按照约定或者出资比例享有资产收益等权利并履行义务

C. 国家、集体和私人所有的不动产或者动产投到企业的，由出资人按照约定或者出资比例享有重大决策等权利并履行义务

D. 国家、集体和私人所有的不动产或者动产投到企业的，由出资人按照约定或者出资比例享有选择经营管理者等权利并履行义务

9. 关于社会团体法人、捐助法人所有权的保护，以下说法正确的是：(　　)

A. 社会团体法人依法所有的不动产，受法律保护

B. 社会团体法人依法所有的动产，受法律保护

C. 捐助法人依法所有的不动产，受法律保护

D. 捐助法人依法所有的动产，受法律保护

10. 关于业主权益的保护，以下说法正确的是：(　　)

A. 业主对建设单位侵害自己合法权益的行为，有权请求其承担民事责任

B. 业主对物业服务企业侵害自己合法权益的行为，有权请求其承担民事责任

C. 业主对其他管理人侵害自己合法权益的行为，有权请求其承担民事责任

D. 业主对物业服务企业侵害其他业主合法权益的行为，有权请求其承担民事责任

8. ABCD，解析：根据《民法典》第 268 条规定，国家、集体和私人依法可以出资设立有限责任公司、股份有限公司或者其他企业。国家、集体和私人所有的不动产或者动产投到企业的，由出资人按照约定或者出资比例享有资产收益、重大决策以及选择经营管理者等权利并履行义务。
9. ABCD，解析：根据《民法典》第 270 条规定，社会团体法人、捐助法人依法所有的不动产和动产，受法律保护。
10. ABC，解析：根据《民法典》第 287 条规定，业主对建设单位、物业服务企业或者其他管理人以及其他业主侵害自己合法权益的行为，有权请求其承担民事责任。

11. 关于相邻关系利用相邻土地、建筑物，以下说法正确的是：（　　）
   A. 不动产权利人因建造、修缮建筑物必须利用相邻土地，该土地的权利人应当提供必要的便利
   B. 不动产权利人因建造、修缮建筑物必须利用相邻建筑物的，该建筑物的权利人应当提供必要的便利
   C. 不动产权利人因铺设电线、电缆、水管、暖气和燃气管线等必须利用相邻土地的，该土地的权利人应当提供必要的便利
   D. 不动产权利人因铺设电线、电缆、水管、暖气和燃气管线等必须利用相邻建筑物的，该建筑物的权利人应当提供必要的便利

12. 关于按份共有，以下说法正确的是：（　　）
   A. 不动产可以由两个以上组织、个人按份共有
   B. 动产可以由两个以上组织、个人按份共有
   C. 按份共有人对共有的不动产按照其份额享有所有权
   D. 按份共有人对共有的动产按照其份额享有所有权

13. 关于共有人对共有物的管理费用以及其他负担的分担，以下说法正确的是：（　　）
   A. 有约定的，按照其约定
   B. 没有约定的，按份共有人按照其份额负担
   C. 没有约定的，共同共有人共同负担
   D. 约定不明确的，按份共有人平均负担

14. 关于按份共有份额的确定，以下说法正确的是：（　　）
   A. 按份共有份额确定的前提是，按份共有人对共有的份额没有约定或者约定不明确
   B. 没有约定或者约定不明确的，按照出资额确定
   C. 不能确定出资额的，视为等额享有
   D. 不能确定出资额的，视为单独所有

11. ABCD，解析：根据《民法典》第 292 条规定，不动产权利人因建造、修缮建筑物以及铺设电线、电缆、水管、暖气和燃气管线等必须利用相邻土地、建筑物的，该土地、建筑物的权利人应当提供必要的便利。

12. ABCD，解析：根据《民法典》第 297 条规定，不动产或者动产可以由两个以上组织、个人共有。共有包括按份共有和共同共有。根据《民法典》第 298 条规定，按份共有人对共有的不动产或者动产按照其份额享有所有权。

13. ABC，解析：根据《民法典》第 302 条规定，共有人对共有物的管理费用以及其他负担，有约定的，按照其约定；没有约定或者约定不明确的，按份共有人按照其份额负担，共同共有人共同负担。

14. ABC，解析：根据《民法典》第 309 条规定，按份共有人对共有的不动产或者动产享有的份额，没有约定或者约定不明确的，按照出资额确定；不能确定出资额的，视为等额享有。

15. 关于遗失物的转让，以下说法正确的是：（　　）

A. 遗失物通过转让被他人占有的，权利人有权向无处分权人请求损害赔偿

B. 权利人有权自知道或者应当知道受让人之日起 2 年内向受让人请求返还原物

C. 受让人通过拍卖或者向具有经营资格的经营者购得该遗失物的，权利人请求返还原物时应当支付受让人所付的费用

D. 权利人向受让人支付所付费用后，有权向无处分权人追偿

16. 关于善意取得制度，以下说法正确的是：（　　）

A. 善意取得制度的适用前提是无权处分

B. 善意受让人取得动产后，该动产上的原有权利消灭

C. 善意受让人取得动产后，该动产上的原有权利继续存在

D. 善意受让人在受让时知道或者应当知道该动产上的原有权利的，该动产上的原有权利不消灭

17. 关于遗失物的领取与招领，以下说法正确的是：（　　）

A. 有关部门收到遗失物，知道权利人的，应当及时通知其领取

B. 有关部门收到遗失物，不知道权利人的，应当及时发布招领公告

C. 拾得人应当及时通知权利人领取

D. 有关部门收到遗失物，应当及时收归国有

18. 关于无人认领的遗失物，以下说法正确的是：（　　）

A. 有关部门在遗失物被领取前，应当妥善保管遗失物

B. 有关部门收到遗失物，知道权利人的，应当及时通知其领取

C. 有关部门收到遗失物，不知道权利人的，应当及时发布招领公告

D. 遗失物自发布招领公告之日起 1 年内无人认领的，归国家所有

15. ABCD，解析：根据《民法典》第312条规定，所有权人或者其他权利人有权追回遗失物。该遗失物通过转让被他人占有的，权利人有权向无处分权人请求损害赔偿，或者自知道或者应当知道受让人之日起2年内向受让人请求返还原物；但是，受让人通过拍卖或者向具有经营资格的经营者购得该遗失物的，权利人请求返还原物时应当支付受让人所付的费用。权利人向受让人支付所付费用后，有权向无处分权人追偿。

16. ABD，解析：根据《民法典》第313条规定，善意受让人取得动产后，该动产上的原有权利消灭。但是，善意受让人在受让时知道或者应当知道该权利的除外。

17. ABC，解析：根据《民法典》第314条规定，拾得遗失物，应当返还权利人。拾得人应当及时通知权利人领取，或者送交公安等有关部门。根据《民法典》第315条规定，有关部门收到遗失物，知道权利人的，应当及时通知其领取；不知道的，应当及时发布招领公告。

18. ABCD，解析：根据《民法典》第318条规定，遗失物自发布招领公告之日起1年内无人认领的，归国家所有。

四、填空题

1. 所有权人对自己的不动产或者动产，依法享有____、____、____和____的权利。
2. 法律规定____不动产和动产，任何组织或者个人不能取得所有权。
3. 国家对耕地实行____，严格限制____，控制____。不得违反法律规定的____征收集体所有的土地。
4. 因____、____等紧急需要，依照法律规定的权限和程序可以征用组织、个人的不动产或者动产。被征用的不动产或者动产使用后，____被征用人。组织、个人的不动产或者动产被征用或者征用后毁损、灭失的，应当给予____。
5. 法律规定属于国家所有的财产，属于____即____。国有财产由____代表国家行使所有权。法律另有规定的，依照其规定。
6. 无居民海岛属于____，____代表国家行使无居民海岛所有权。
7. ____、____、____、____、____等自然资源，属于国家所有，但是法律规定属于集体所有的除外。
8. ____、公路、电力设施、电信设施和____等基础设施，依照法律规定为国家所有的，属于国家所有。
9. 国家机关对其____的不动产和动产，享有占有、使用以及依照法律和国务院的有关规定____的权利。
10. 国家所有的财产受法律保护，禁止任何组织或者个人____、____、____、____、____。
11. 集体所有的不动产和动产包括：（1）法律规定属于集体所有的____、山岭、草原、荒地、滩涂；（2）集体所有的建筑物、____、农田水利设施；（3）集体所有的教育、科学、____、卫生、体育等设施；（4）集体所有的其他不动产和动产。

四、填空题

1. 占有；使用；收益；处分。(《民法典》第240条)
2. 专属于国家所有的。(《民法典》第242条)
3. 特殊保护；农用地转为建设用地；建设用地总量；权限和程序。(《民法典》第244条)
4. 抢险救灾；疫情防控；应当返还；补偿。(《民法典》第245条)
5. 国家所有；全民所有；国务院。(《民法典》第246条)
6. 国家所有；国务院。(《民法典》第248条)
7. 森林；山岭；草原；荒地；滩涂。(《民法典》第250条)
8. 铁路；油气管道。(《民法典》第254条第2款)
9. 直接支配；处分。(《民法典》第255条)
10. 侵占；哄抢；私分；截留；破坏。(《民法典》第258条)
11. 土地和森林；生产设施；文化。(《民法典》第260条)

12. 按份共有人对共有的不动产或者动产享有的份额，没有约定或者约定不明确的，按照出资额确定；不能确定出资额的，视为____。
13. 遗失物自发布招领公告之日起____内无人认领的，归____所有。
14. 拾得漂流物、发现埋藏物或者隐藏物的，参照适用____的有关规定。法律另有规定的，依照其规定。
15. 主物转让的，____，但是当事人另有约定的除外。

12. 按份共有人；追偿。（《民法典》第 307 条）

13. 1 年；国家。（《民法典》第 318 条）

14. 拾得遗失物。（《民法典》第 319 条）

15. 从物随主物转让。（《民法典》第 320 条）

第三讲 建设用地使用权

一、判断题

1. 建设用地使用权应当在土地的地表、地上或者地下整体设立。( )
2. 设立建设用地使用权应当符合节约资源、保护生态环境的要求。( )
3. 采取招标、拍卖、协议等出让方式设立建设用地使用权的，当事人应当采用书面形式订立建设用地使用权出让合同。( )
4. 建设用地使用权人应当合理利用土地，不得改变土地用途；需要改变土地用途的，应当依法经有关行政主管部门批准。( )
5. 建设用地使用权人建造的建筑物、构筑物及其附属设施的所有权属于建设用地使用权人，但是有相反证据证明的除外。( )
6. 建设用地使用权转让、互换、出资、赠与或者抵押的，当事人应当采用书面形式订立相应的合同。使用期限由当事人约定，但是不得超过建设用地使用权的剩余期限。( )

二、单项选择题

1. 关于建设用地使用权的设立，以下说法错误的是：( )

A. 建设用地使用权自登记时设立

B. 设立建设用地使用权的，应当向登记机构申请建设用地使用权登记

C. 建设用地使用权自交付时设立

D. 登记机构应当向建设用地使用权人发放权属证书

参考答案

一、判断题

1. ×，解析：根据《民法典》第 345 条规定，建设用地使用权可以在土地的地表、地上或者地下分别设立。
2. √，解析：根据《民法典》第 346 条规定。
3. √，解析：根据《民法典》第 348 条规定。
4. √，解析：根据《民法典》第 350 条规定。
5. √，解析：根据《民法典》第 352 条规定。
6. √，解析：根据《民法典》第 354 条规定。

二、单项选择题

1. C，解析：根据《民法典》第 349 条规定，设立建设用地使用权的，应当向登记机构申请建设用地使用权登记。建设用地使用权自登记时设立。登记机构应当向建设用地使用权人发放权属证书。

2. 关于建设用地使用权的附着物，以下说法错误的是：（ ）

A. 建设用地使用权转让的，附着于该土地上的建筑物、构筑物及其附属设施一并处分

B. 建设用地使用权互换的，附着于该土地上的建筑物、构筑物及其附属设施一并处分

C. 建设用地使用权出资的，附着于该土地上的建筑物、构筑物及其附属设施一并处分

D. 建设用地使用权赠与的，附着于该土地上的建筑物、构筑物及其附属设施分别处分

3. 关于住宅建设用地使用权期限，以下说法错误的是：（ ）

A. 住宅建设用地使用权期限届满的，依照法律、行政法规和规章的规定续期

B. 续期费用的缴纳或者减免，依照法律、行政法规的规定办理

C. 非住宅建设用地使用权期限届满后的续期，依照法律规定办理

D. 该土地上的房屋及其他不动产的归属，有约定的，按照约定

三、多项选择题

1. 关于建设用地使用权的设立方式，以下说法正确的是：（ ）

A. 设立建设用地使用权，可以采取出让方式

B. 设立建设用地使用权，可以采取划拨方式

C. 适当限制以划拨方式设立建设用地使用权

D. 工业、商业、旅游、娱乐和商品住宅等经营性用地以及同一土地有两个以上意向用地者的，应当采取招标、拍卖等公开竞价的方式出让

2. D，解析：根据《民法典》第356条规定，建设用地使用权转让、互换、出资或者赠与的，附着于该土地上的建筑物、构筑物及其附属设施一并处分。

3. A，解析：根据《民法典》第359条规定，住宅建设用地使用权期限届满的，自动续期。续期费用的缴纳或者减免，依照法律、行政法规的规定办理。非住宅建设用地使用权期限届满后的续期，依照法律规定办理。该土地上的房屋及其他不动产的归属，有约定的，按照约定；没有约定或者约定不明确的，依照法律、行政法规的规定办理。

三、多项选择题

1. ABD，解析：根据《民法典》第347条规定，设立建设用地使用权，可以采取出让或者划拨等方式。工业、商业、旅游、娱乐和商品住宅等经营性用地以及同一土地有两个以上意向用地者的，应当采取招标、拍卖等公开竞价的方式出让。严格限制以划拨方式设立建设用地使用权。

2. 关于建设用地使用权的设立，以下说法正确的是：（　　）

　A. 设立建设用地使用权，可以采取出让或者划拨等方式

　B. 设立建设用地使用权的，应当向登记机构申请建设用地使用权登记

　C. 建设用地使用权自登记时设立

　D. 登记机构应当向建设用地使用权人发放权属证书

3. 建设用地使用权人有权将建设用地使用权（　　），但是法律另有规定的除外。

　A. 转让　　　　B. 互换

　C. 出资　　　　D. 赠与或者抵押

4. 关于建设用地流转合同，以下说法正确的是：（　　）

　A. 建设用地使用权转让、互换的，当事人应当采用书面形式订立相应的合同

　B. 建设用地使用权出资、赠与或者抵押的，当事人可以采用书面形式订立相应的合同

　C. 使用期限由法律规定

　D. 使用期限不得超过建设用地使用权的剩余期限

四、填空题

1. 建设用地使用权可以在土地的____、____或者____分别设立。

2. 设立建设用地使用权的，应当向登记机构申请建设用地使用权登记。建设用地使用权自____时设立。登记机构应当向建设用地使用权人发放____。

3. 建设用地使用权人应当依照法律规定以及合同约定支付____等费用。

4. 建设用地使用权人有权将建设用地使用权____、互换、出资、____，但是法律另有规定的除外。

5. 建设用地使用权转让、互换、出资或者赠与的，应当向登记机构申请____。

2. ABCD，解析：根据《民法典》第 349 条规定，设立建设用地使用权的，应当向登记机构申请建设用地使用权登记。建设用地使用权自登记时设立。登记机构应当向建设用地使用权人发放权属证书。
3. ABCD，解析：根据《民法典》第 353 条规定，建设用地使用权人有权将建设用地使用权转让、互换、出资、赠与或者抵押，但是法律另有规定的除外。
4. AD，解析：根据《民法典》第 354 条规定，建设用地使用权转让、互换、出资、赠与或者抵押的，当事人应当采用书面形式订立相应的合同。使用期限由当事人约定，但是不得超过建设用地使用权的剩余期限。

四、填空题

1. 地表；地上；地下。（《民法典》第 345 条）
2. 登记；权属证书。（《民法典》第 349 条）
3. 出让金。（《民法典》第 351 条）
4. 转让；赠与或者抵押。（《民法典》第 353 条）
5. 变更登记。（《民法典》第 355 条）

6. 建设用地使用权转让、互换、出资或者赠与的，附着于该土地上的建筑物、构筑物及其附属设施____。

7. 建设用地使用权期限届满前，因公共利益需要提前收回该土地的，应当依据《民法典》第 243 条的规定对该土地上的房屋及其他不动产给予____，并退还相应的____。

8. 建设用地使用权消灭的，出让人应当及时办理____。登记机构应当收回____。

6. 一并处分。（《民法典》第356条）

7. 补偿；出让金。（《民法典》第358条）

8. 注销登记；权属证书。（《民法典》第360条）

第四讲　担保物权

一、判断题

1. 担保期间，担保财产毁损、灭失或者被征收等，担保物权人可以就获得的保险金、赔偿金或者补偿金等优先受偿。(　　)
2. 主债权消灭，担保物权中止。(　　)
3. 企业、个体工商户、农业生产经营者可以将现有的以及将有的生产设备、原材料、半成品、产品抵押，债务人不履行到期债务或者发生当事人约定的实现抵押权的情形，债权人有权就抵押财产确定时的动产优先受偿。(　　)
4. 乡镇、村企业的建设用地使用权可以单独抵押。(　　)
5. 设立抵押权，当事人可以采用口头形式订立抵押合同。(　　)
6. 以交通运输工具抵押的，应当办理抵押登记。抵押权自抵押合同生效时设立。(　　)
7. 以动产抵押的，不得对抗正常经营活动中已经支付合理价款并取得抵押财产的买受人。(　　)
8. 抵押期间，抵押人不得转让抵押财产。当事人另有约定的，按照其约定。抵押财产转让的，抵押权不受影响。(　　)
9. 质权人有权收取质押财产的孳息。(　　)

参考答案

一、判断题

1. √，解析：根据《民法典》第390条规定。
2. ×，解析：根据《民法典》第393条规定，有下列情形之一的，担保物权消灭：（1）主债权消灭；……
3. √，解析：根据《民法典》第396条规定。
4. ×，解析：根据《民法典》第398条规定，乡镇、村企业的建设用地使用权不得单独抵押。以乡镇、村企业的厂房等建筑物抵押的，其占用范围内的建设用地使用权一并抵押。
5. ×，解析：根据《民法典》第400条第1款规定，设立抵押权，当事人应当采用书面形式订立抵押合同。。
6. ×，解析：根据《民法典》第402条规定，以《民法典》第395条第1款第1项至第3项规定的财产或者第5项规定的正在建造的建筑物抵押的，应当办理抵押登记。抵押权自登记时设立。
7. √，解析：根据《民法典》第404条规定。
8. ×，解析：根据《民法典》第406条第1款规定，抵押期间，抵押人可以转让抵押财产。当事人另有约定的，按照其约定。抵押财产转让的，抵押权不受影响。
9. √，解析：根据《民法典》第430条规定。

二、单项选择题

1. 关于担保物权，以下说法错误的是：(　　)

A. 债权人在借贷中，为保障实现其债权，需要担保的，可以设立担保物权

B. 债权人在买卖中，为保障实现其债权，需要担保的，可以设立担保物权

C. 第三人为债务人向债权人提供担保的，可以要求债务人提供反担保

D. 第三人为债务人向债权人提供担保的，不得要求债务人提供反担保

2. 关于设立担保物权，以下说法错误的是：(　　)

A. 应当依照法律的规定订立担保合同

B. 主债权债务合同是担保合同的从合同

C. 主债权债务合同无效，担保合同无效，但是法律另有规定的除外

D. 担保合同被确认无效后，债务人、担保人、债权人有过错的，应当根据其过错各自承担相应的民事责任

3. 下列财产可以抵押的是：(　　)

A. 土地所有权

B. 医疗设施

C. 学校、幼儿园、医疗机构等以公益为目的成立的非营利法人的教育设施

D. 建设用地使用权

4. 关于设立抵押权，以下说法错误的是：(　　)

A. 抵押合同一般包括被担保债权的种类和数额条款

B. 抵押合同一般包括债务人履行债务的期限条款

C. 抵押合同一般包括担保的范围条款

D. 设立抵押权，当事人可以采用口头形式订立抵押合同

二、单项选择题

1. D，解析：根据《民法典》第387条规定，债权人在借贷、买卖等民事活动中，为保障实现其债权，需要担保的，可以依照本法和其他法律的规定设立担保物权。第三人为债务人向债权人提供担保的，可以要求债务人提供反担保。反担保适用本法和其他法律的规定。
2. B，解析：根据《民法典》第388条规定，设立担保物权，应当依照本法和其他法律的规定订立担保合同。担保合同包括抵押合同、质押合同和其他具有担保功能的合同。担保合同是主债权债务合同的从合同。主债权债务合同无效，担保合同无效，但是法律另有规定的除外。担保合同被确认无效后，债务人、担保人、债权人有过错的，应当根据其过错各自承担相应的民事责任。
3. D，解析：根据《民法典》第399条规定，下列财产不得抵押：（1）土地所有权；（2）宅基地、自留地、自留山等集体所有土地的使用权，但是法律规定可以抵押的除外；（3）学校、幼儿园、医疗机构等为公益目的成立的非营利法人的教育设施、医疗卫生设施和其他公益设施；（4）所有权、使用权不明或者有争议的财产；（5）依法被查封、扣押、监管的财产；（6）法律、行政法规规定不得抵押的其他财产。
4. D，解析：根据《民法典》第400条规定，设立抵押权，当事人应当采用书面形式订立抵押合同。抵押合同一般包括下列条款：（1）被担保债权的种类和数额；（2）债务人履行债务的期限；（3）抵押财产的名称、数量等情况；（4）担保的范围。

5. 关于动产抵押，以下说法错误的是：（ ）

A. 以动产抵押的，抵押权自抵押合同生效时设立

B. 未经登记，不得对抗善意第三人

C. 以动产抵押的，抵押权自抵押登记时设立

D. 以动产抵押的，不得对抗正常经营活动中已支付合理价款并取得抵押财产的买受人

6. 关于抵押权的保护，以下说法错误的是：（ ）

A. 抵押人的行为足以使抵押财产价值减少的，抵押权人有权请求抵押人停止其行为

B. 抵押财产价值减少的，抵押权人有权请求恢复抵押财产的价值

C. 抵押财产价值减少的，抵押权人有权请求提供与减少的价值相应的担保

D. 抵押人不恢复抵押财产的价值，也不提供担保的，抵押权人有权请求债务人变卖抵押财产以实现抵押权

7. 关于最高额抵押，以下说法错误的是：（ ）

A. 最高额抵押权设立前已经存在的债权，经当事人同意，可以转入最高额抵押担保的债权范围

B. 最高额抵押担保的债权确定前，部分债权转让的，最高额抵押权可以转让

C. 最高额抵押担保的债权确定前，抵押权人与抵押人可以通过协议变更债权确定的期间、债权范围以及最高债权额

D. 变更的内容不得对其他抵押权人产生不利影响

5. C，解析：根据《民法典》第 403 条规定，以动产抵押的，抵押权自抵押合同生效时设立；未经登记，不得对抗善意第三人。
6. D，解析：根据《民法典》第 408 条规定，抵押人的行为足以使抵押财产价值减少的，抵押权人有权请求抵押人停止其行为；抵押财产价值减少的，抵押权人有权请求恢复抵押财产的价值，或者提供与减少的价值相应的担保。抵押人不恢复抵押财产的价值，也不提供担保的，抵押权人有权请求债务人提前清偿债务。
7. B，解析：根据《民法典》第 421 条规定，最高额抵押担保的债权确定前，部分债权转让的，最高额抵押权不得转让，但是当事人另有约定的除外。

8. 债务人或者第三人有权处分的下列哪项权利不得出质？（　　）

A. 债券、存款单

B. 仓单、提单

C. 可以转让的基金份额、股权

D. 可以转让的著作权中的署名权

9. 关于质权出质，以下说法错误的是：（　　）

A. 以基金份额、股权出质的，质权自质押合同订立时时设立

B. 基金份额、股权出质后，不得转让，但是出质人与质权人协商同意的除外

C. 出质人转让基金份额、股权所得的价款，应当向质权人提前清偿债务

D. 出质人转让基金份额、股权所得的价款，应当向质权人提存

三、多项选择题

1. 债务人或者第三人有权处分的下列财产可以抵押的是：（　　）

A. 建筑物　　B. 土地附着物

C. 建设用地使用权　　D. 海域使用权

2. 抵押合同一般包括下列条款：（　　）

A. 被担保债权的种类和数额

B. 债务人履行债务的期限

C. 抵押财产的名称、数量等情况

D. 担保的范围

3. 关于抵押权的处分，以下说法正确的是：（　　）

A. 抵押权不得与债权分离而单独转让

B. 债权转让的，担保该债权的抵押权一并转让

C. 关于债权转让，法律另有规定或者当事人另有约定的，依该规定、约定

D. 抵押权可以与债权分离而单独转让

8. D，解析：根据《民法典》第440条规定，债务人或者第三人有权处分的下列权利可以出质：（1）汇票、本票、支票；（2）债券、存款单；（3）仓单、提单；（4）可以转让的基金份额、股权；（5）可以转让的注册商标专用权、专利权、著作权等知识产权中的财产权；（6）现有的以及将有的应收账款；（7）法律、行政法规规定可以出质的其他财产权利。
9. A，解析：根据《民法典》第443条规定，以基金份额、股权出质的，质权自办理出质登记时设立。基金份额、股权出质后，不得转让，但是出质人与质权人协商同意的除外。出质人转让基金份额、股权所得的价款，应当向质权人提前清偿债务或者提存。

三、多项选择题

1. ABCD，解析：根据《民法典》第395条规定，债务人或者第三人有权处分的下列财产可以抵押：（1）建筑物和其他土地附着物；（2）建设用地使用权；（3）海域使用权；（4）生产设备、原材料、半成品、产品；（5）正在建造的建筑物、船舶、航空器；（6）交通运输工具；（7）法律、行政法规未禁止抵押的其他财产。抵押人可以将前款所列财产一并抵押。
2. ABCD，解析：根据《民法典》第400条规定，设立抵押权，当事人应当采用书面形式订立抵押合同。抵押合同一般包括下列条款：（1）被担保债权的种类和数额；（2）债务人履行债务的期限；（3）抵押财产的名称、数量等情况；（4）担保的范围。
3. ABC，解析：根据《民法典》第407条规定，抵押权不得与债权分离而单独转让或者作为其他债权的担保。债权转让的，担保该债权的抵押权一并转让，但是法律另有规定或者当事人另有约定的除外。

4. 抵押财产自下列哪些情形发生时确定？(　　)

A. 债务履行期限届满，债权未实现

B. 抵押人被宣告破产或者解散

C. 当事人约定的实现抵押权的情形

D. 严重影响债权实现的其他情形

5. 关于抵押权对新增建筑物的效力，以下说法正确的是：(　　)

A. 建设用地使用权抵押后，该土地上新增的建筑物不属于抵押财产

B. 建设用地使用权实现抵押权时，应当将该土地上新增的建筑物与建设用地使用权一并处分

C. 新增建筑物所得的价款，抵押权人无权优先受偿

D. 建设用地使用权抵押后，该土地上新增的建筑物属于抵押财产

6. 有下列哪些情形的，抵押权人的债权确定？(　　)

A. 约定的债权确定期间届满

B. 没有约定债权确定期间或者约定不明确，抵押权人或者抵押人自最高额抵押权设立之日起满 2 年后请求确定债权

C. 债务人、抵押人被宣告破产或者解散

D. 抵押权人知道或者应当知道抵押财产被查封、扣押

7. 关于质权的行使，以下说法正确的是：(　　)

A. 出质人可以请求质权人在债务履行期限届满后及时行使质权

B. 质权人不行使的，出质人可以请求人民法院拍卖、变卖质押财产

C. 出质人有权请求质权人及时行使质权

D. 因质权人怠于行使权利造成出质人损害的，由质权人承担赔偿责任

8. 关于有价证券出质的质权的设立，以下说法正确的是：(　　)

A. 以汇票、本票、支票出质的，质权自权利凭证交付质权人时设立

B. 以债券、存款单出质的，质权自办理出质登记时设立

C. 以仓单、提单出质的，质权自权利凭证交付质权人时设立

D. 没有权利凭证的，质权自办理出质登记时设立

4. ABCD，解析：根据《民法典》第411条规定，依据本法第396条规定设定抵押的，抵押财产自下列情形之一发生时确定：（1）债务履行期限届满，债权未实现；（2）抵押人被宣告破产或者解散；（3）当事人约定的实现抵押权的情形；（4）严重影响债权实现的其他情形。

5. ABC，解析：根据《民法典》第417条规定，建设用地使用权抵押后，该土地上新增的建筑物不属于抵押财产。该建设用地使用权实现抵押权时，应当将该土地上新增的建筑物与建设用地使用权一并处分。但是，新增建筑物所得的价款，抵押权人无权优先受偿。

6. ABCD，解析：根据《民法典》第423条规定，有下列情形之一的，抵押权人的债权确定：（1）约定的债权确定期间届满；（2）没有约定债权确定期间或者约定不明确，抵押权人或者抵押人自最高额抵押权设立之日起满2年后请求确定债权；（3）新的债权不可能发生；（4）抵押权人知道或者应当知道抵押财产被查封、扣押；（5）债务人、抵押人被宣告破产或者解散；（6）法律规定债权确定的其他情形。

7. ABCD，解析：根据《民法典》第437条规定，出质人可以请求质权人在债务履行期限届满后及时行使质权；质权人不行使的，出质人可以请求人民法院拍卖、变卖质押财产。出质人请求质权人及时行使质权，因质权人怠于行使权利造成出质人损害的，由质权人承担赔偿责任。

8. ACD，解析：根据《民法典》第441条规定，以汇票、本票、支票、债券、存款单、仓单、提单出质的，质权自权利凭证交付质权人时设立；没有权利凭证的，质权自办理出质登记时设立。法律另有规定的，依照其规定。

9. 关于留置权债务人的债务履行期，以下说法正确的是：(　　)

A. 留置权人与债务人应当约定留置财产后的债务履行期限

B. 没有约定或者约定不明确的，留置权人应当给债务人60日以上履行债务的期限，但是鲜活易腐等不易保管的动产除外

C. 债务人逾期未履行的，留置权人可以与债务人协议以留置财产折价，也可以就拍卖、变卖留置财产所得的价款优先受偿

D. 留置财产折价或者变卖的，应当参照市场价格

四、填空题

1. 担保物权的担保范围包括____、____、____、____。当事人另有约定的，按照其约定。

2. 第三人提供担保，未经其____，债权人允许债务人____的，担保人不再承担相应的担保责任。

3. 乡镇、村企业的建设用地使用权不得____。以乡镇、村企业的厂房等建筑物抵押的，其占用范围内的建设用地使用权____。

4. 抵押权人在债务履行期限届满前，与抵押人约定债务人不履行到期债务时抵押财产归债权人所有的，只能依法就抵押财产____。

5. 以动产抵押的，抵押权自____时设立；未经登记，不得____。

6. 抵押权设立前，抵押财产已经出租并转移占有的，原租赁关系____。

7. 抵押权不得与债权分离而____或者作为其他债权的担保。债权转让的，担保该债权的抵押权____，但是法律另有规定或者当事人另有约定的除外。

8. 质权人在____前，与出质人约定债务人不履行到期债务时质押财产归债权人所有的，只能依法就质押财产____。

9. 质权人在质权存续期间，未经出质人同意，擅自____、____质押财产，造成出质人损害的，应当承担____。

9. ABCD，解析：根据《民法典》第453条规定，留置权人与债务人应当约定留置财产后的债务履行期限；没有约定或者约定不明确的，留置权人应当给债务人60日以上履行债务的期限，但是鲜活易腐等不易保管的动产除外。债务人逾期未履行的，留置权人可以与债务人协议以留置财产折价，也可以就拍卖、变卖留置财产所得的价款优先受偿。留置财产折价或者变卖的，应当参照市场价格。

四、填空题

1. 主债权及其利息；违约金；损害赔偿金；保管担保财产和实现担保物权的费用。(《民法典》第389条)
2. 书面同意；转移全部或者部分债务。(《民法典》第391条)
3. 单独抵押；一并抵押。(《民法典》第398条)
4. 优先受偿。(《民法典》第401条)
5. 抵押合同生效；对抗善意第三人。(《民法典》第403条)
6. 不受该抵押权的影响。(《民法典》第405条)
7. 单独转让；一并转让。(《民法典》第407条)
8. 债务履行期限届满；优先受偿。(《民法典》第428条)
9. 使用；处分；赔偿责任。(《民法典》第431条)

10. 质权人负有____质押财产的义务；因保管不善致使质押财产毁损、灭失的，应当承担赔偿责任。质权人的行为可能使质押财产毁损、灭失的，出质人可以请求质权人将质押财产____，或者请求提前清偿债务并____。
11. 留置财产为____的，留置财产的价值应当相当于债务的金额。

五、简答题

简述担保物权的概念和特征。

10. 妥善保管；提存；返还质押财产。(《民法典》第432条)

11. 可分物。(《民法典》第450条)

五、简答题

答：担保物权是指以担保债务清偿为目的，而在债务人或者第三人的特定物或者权利上设立的定限物权。担保物权的特征包括：（1）优先受偿性。担保物权人可以就担保物的价值优先于债务人的普通债权人受偿。（2）从属性。担保物权是为担保债权受偿而设定的，从属于所担保的债权。（3）不可分性。债权人在全部债权受清偿前，可就担保物的全部行使其权利。（4）物上代位性。担保期间，担保财产毁损、灭失或者被征收等，担保物权人可以就获得的保险金、赔偿金或者补偿金等优先受偿。

专题八

合　同

第一讲　合同的基本规则

一、判断题

1.《民法典》合同编调整因合同产生的民事关系。(　　)

2. 依法成立的合同，仅对当事人具有法律约束力，但是法律另有规定的除外。(　　)

3. 合同文本采用两种文字且两个文本词句不一致的，合同无效。(　　)

4. 非因合同产生的债权债务关系优先适用《民法典》合同编通则的规定。(　　)

二、单项选择题

1. 下列哪种协议，适用民法典合同编的规定？(　　)

A. 租房　　B. 结婚

C. 离婚　　D. 收养

2. 没有明文规定的合同，适用什么规定？(　　)

A. 合同编通则　　B. 合同编

C. 物权编　　D. 侵权责任编

3. 非因合同产生的债权债务关系，优先适用什么法律规定？(　　)

A. 合同编通则　　B. 有关该债权债务关系的法律

C. 物权编　　D. 侵权责任编

参考答案

一、判断题

1. √，解析：《民法典》第463条规定。
2. √，解析：《民法典》第465条第2款规定。
3. ×，解析：《民法典》第466条规定，合同文本采用两种以上文字订立并约定具有同等效力的，对各文本使用的词句推定具有相同含义。各文本使用的词句不一致的，应当根据合同的相关条款、性质、目的以及诚信原则等予以解释。由此可见这种情况下合同并非当然无效。
4. ×，解析：《民法典》第468条规定，非因合同产生的债权债务关系，适用有关该债权债务关系的法律规定；没有规定的，适用本编通则的有关规定，但是根据其性质不能适用的除外。

二、单项选择题

1. A，解析：《民法典》第464条规定，婚姻、收养、监护等有关身份关系的协议，适用有关该身份关系的法律规定。
2. A，解析：《民法典》第467条规定，本法或者其他法律没有明文规定的合同，适用本编通则的规定，并可以参照适用本编典型合同或者其他法律最相类似合同的规定。
3. B，解析：《民法典》第468条规定，非因合同产生的债权债务关系，适用有关该债权债务关系的法律规定；没有规定的，适用本编通则的有关规定，但是根据其性质不能适用的除外。

三、多项选择题

1. 以下哪些协议，不优先适用《民法典》合同编的规定？（　　）

A. 婚姻　　B. 收养

C. 监护　　D. 买房

2. 当事人对合同条款的理解有争议的，应当依据什么来确定争议条款的含义？（　　）

A. 习惯　　B. 诚信原则

C. 行为的性质和目的　　D. 对方的身份

3. 法律没有明文规定的合同，适用什么规定？（　　）

A. 《民法典》合同编通则　　B. 《民法典》合同编典型合同

C. 其他法律最相类似合同　　D. 国际条约

四、填空题

1. 合同是民事主体之间____、____、____民事法律关系的协议。婚姻、收养、监护等有关身份关系的协议，适用____的法律规定；没有规定的，可以根据其性质参照适用本编规定。

2. 合同文本采用____以上文字订立并约定具有同等效力的，对各文本使用的____推定具有相同含义。各文本使用的____不一致的，应当根据合同的____、____、____以及____等予以解释。

三、多项选择题

1. ABC，解析：《民法典》第 464 条规定，婚姻、收养、监护等有关身份关系的协议，适用有关该身份关系的法律规定；没有规定的，可以根据其性质参照适用本编规定。
2. ABC，解析：《民法典》第 466 条规定，当事人对合同条款的理解有争议的，应当依据本法第 142 条第 1 款的规定，确定争议条款的含义。《民法典》第 142 条第 1 款规定，有相对人的意思表示的解释，应当按照所使用的词句，结合相关条款、行为的性质和目的、习惯以及诚信原则，确定意思表示的含义。
3. ABC，解析：《民法典》第 467 条规定，本法或者其他法律没有明文规定的合同，适用本编通则的规定，并可以参照适用本编典型合同或者其他法律最相类似合同的规定。

四、填空题

1. 设立；变更；终止；有关该身份关系。(《民法典》第 464 条)
2. 两种；词句；词句；相关条款；性质；目的；诚信原则。(《民法典》第 466 条)

第二讲　合同的效力

一、判断题

1. 依法成立的合同，自成立时生效。(　　)
2. 法人的法定代表人或者非法人组织的负责人超越权限订立的合同，该合同对法人或者非法人组织发生效力。(　　)
3. 当事人超越经营范围订立的合同的效力，仅以超越经营范围确认合同无效。(　　)
4. 造成人身损害的免责条款无效。(　　)
5. 合同不生效、无效、被撤销或者终止的，会影响合同中有关解决争议方法的条款的效力。(　　)
6. 本编对合同的效力没有规定的，适用本法关于民事法律行为效力的有关规定。(　　)

二、单项选择题

1. 法人的法定代表人超越权限订立的合同的效力为：(　　)

   A. 绝对有效

   B. 绝对无效

   C. 除相对人知道或应当知道其超越权限外，订立的合同对法人发生效力

   D. 法人不追认的，对法人无效

2. 以下不属于合同中的无效免责条款的是：(　　)

   A. 造成对方人身伤害　　B. 因故意造成对方财产损失

   C. 因过失造成对方财产损失　　D. 因重大过失造成对方财产损失

参考答案

一、判断题

1. √，解析：《民法典》第502条规定，依法成立的合同，自成立时生效。
2. ×，解析：《民法典》第504条规定，法人的法定代表人或者非法人组织的负责人超越权限订立的合同，除相对人知道或者应当知道其超越权限外，该代表行为有效，订立的合同对法人或者非法人组织发生效力。
3. ×，解析：《民法典》第505条规定，当事人超越经营范围订立的合同的效力，应当依照本法第1编第6章第3节和本编的有关规定确定，不得仅以超越经营范围确认合同无效。
4. √，解析：《民法典》第506条规定，合同中的下列免责条款无效：（1）造成对方人身损害的；（2）因故意或者重大过失造成对方财产损失的。
5. ×，解析：《民法典》第507条规定，合同不生效、无效、被撤销或者终止的，不影响合同中有关解决争议方法的条款的效力。
6. √，解析：《民法典》第508条规定，本编对合同的效力没有规定的，适用本法第1编第6章第3节的有关规定，即民法典关于民事法律行为效力的规定。

二、单项选择题

1. C，解析：《民法典》第504条规定，法人的法定代表人或者非法人组织的负责人超越权限订立的合同，除相对人知道或者应当知道其超越权限外，该代表行为有效，订立的合同对法人或者非法人组织发生效力。
2. C，解析：《民法典》第506条规定，合同中的下列免责条款无效：（1）造成对方人身损害的；（2）因故意或者重大过失造成对方财产损失的。

三、多项选择题

1. 关于合同成立，下列说法正确的是：(　　)

A. 依法成立的合同，自成立时生效，但是法律另有规定或者当事人另有约定的除外

B. 依照法律、行政法规的规定，合同应当办理批准等手续的，依照其规定

C. 未办理批准等手续影响合同生效的，不影响合同中履行报批等义务条款以及相关条款的效力

D. 应当办理申请批准等手续的当事人未履行义务的，对方可以请求其承担违反该义务的责任

2. 无权代理人以被代理人的名义订立合同，被代理人(　　)的，视为对合同的追认。

A. 已经开始履行合同义务

B. 接受相对人履行

C. 拒绝履行合同

D. 拒绝相对人履行

3. 以下哪些情况，不影响合同中有关解决争议方法的条款的效力？(　　)

A. 合同不生效　　B. 合同无效

C. 合同被撤销　　D. 合同终止

四、填空题

1. 无权代理人以被代理人的名义订立合同，被代理人已经开始履行合同义务或者接受相对人履行的，视为对合同的____。

2. 合同中的下列免责条款无效：(1) 造成对方____的；(2) 因故意或者重大过失造成对方____的。

三、多项选择题

1. ABCD，解析：《民法典》第 502 条规定，依法成立的合同，自成立时生效，但是法律另有规定或者当事人另有约定的除外。依照法律、行政法规的规定，合同应当办理批准等手续的，依照其规定。未办理批准等手续影响合同生效的，不影响合同中履行报批等义务条款以及相关条款的效力。应当办理申请批准等手续的当事人未履行义务的，对方可以请求其承担违反该义务的责任。
2. AB，解析：《民法典》第 503 条规定，无权代理人以被代理人的名义订立合同，被代理人已经开始履行合同义务或者接受相对人履行的，视为对合同的追认。
3. ABCD，解析：《民法典》第 507 条规定，合同不生效、无效、被撤销或者终止的，不影响合同中有关解决争议方法的条款的效力。

四、填空题

1. 追认。（《民法典》第 503 条）
2. 人身损害；财产损失。（《民法典》第 506 条）

第三讲 合同的变更、转让、终止

一、判断题

1. 当事人协商一致，可以变更合同。(　　)
2. 债权人转让债权的，应当通知债务人。(　　)
3. 债务人接到债权转让通知后，债务人对让与人的抗辩，可以向受让人主张。(　　)
4. 因债权转让增加的履行费用，由受让人负担。(　　)
5. 债务人将债务的全部或者部分转移给第三人的，应当经债权人同意。(　　)
6. 债务人转移债务的，新债务人不可以主张原债务人对债权人的抗辩。(　　)
7. 当事人一方经对方同意，可以将自己在合同中的权利和义务一并转让给第三人。(　　)
8. 合同解除的，该合同的权利义务关系中止。(　　)
9. 债权债务终止后，当事人应当遵循诚信等原则，根据交易习惯履行通知、协助、保密、旧物回收等义务。(　　)
10. 债务人对同一债权人负担的数项债务种类相同，债务人的给付不足以清偿全部债务的，除当事人另有约定外，由债务人在清偿时指定其履行的债务。(　　)
11. 以持续履行的债务为内容的不定期合同，当事人可以随时解除合同，但是应当在合理期限之前通知对方。(　　)
12. 当事人一方依法主张解除合同的，应当通知对方。(　　)
13. 合同的权利义务关系终止，不影响合同中结算和清理条款的效力。(　　)

参考答案

一、判断题

1. √，解析：《民法典》第 543 条。
2. √，解析：《民法典》第 546 条第 1 款。
3. √，解析：《民法典》第 548 条。
4. ×，解析：《民法典》第 550 条规定，因债权转让增加的履行费用，由让与人负担。
5. √，解析：《民法典》第 551 条第 1 款。
6. ×，解析：《民法典》第 553 条规定，债务人转移债务的，新债务人可以主张原债务人对债权人的抗辩；原债务人对债权人享有债权的，新债务人不得向债权人主张抵销。
7. √，解析：《民法典》第 555 条。
8. ×，解析：《民法典》第 557 条第 2 款规定，合同解除的，该合同的权利义务关系终止。
9. √，解析：《民法典》第 558 条。
10. √，解析：《民法典》第 560 条第 1 款。
11. √，解析：《民法典》第 563 条第 2 款。
12. √，解析：《民法典》第 565 条第 1 款。
13. √，解析：《民法典》第 567 条。

二、单项选择题

1. 债权人转让债权的，(　　)。

A. 应当通知第三人

B. 应当通知债务人

C. 可以通知第三人

D. 可以通知债务人

2. 关于债权转让，以下表述正确的是：(　　)

A. 债权转让的通知不得撤销，但是经债务人同意的除外

B. 债务人接到债权转让通知后，债务人对让与人的抗辩，可以向受让人主张

C. 债务人的债权与转让的债权属于同类合同的，债务人可以向受让人主张抵销

D. 因债权转让增加的履行费用，由受让人负担

3. 关于债务转移，下列表述正确的是：(　　)

A. 债务人将债务的全部转移给第三人的，应当经债权人同意

B. 债务人将债务的部分转移给第三人的，应当经第三人同意

C. 债务人可以催告债权人在合理期限内予以同意，债权人未作表示的，视为同意

D. 第三人可以催告债权人在合理期限内予以同意，债权人未作表示的，视为同意

4. 债权债务终止后，当事人应当遵循诚信等原则，根据(　　)履行通知、协助、保密、旧物回收等义务。

A. 法律

B. 行政法规

C. 当事人约定

D. 交易习惯

二、单项选择题

1. B，解析：《民法典》第 546 条第 1 款规定，债权人转让债权未通知债务人的，该转让对债务人不发生效力。
2. B，解析：《民法典》第 546 条第 2 款规定，债权转让的通知不得撤销，但是经受让人同意的除外。《民法典》第 548 条规定，债务人接到债权转让通知后，债务人对让与人的抗辩，可以向受让人主张。《民法典》549 条第 2 项规定，债务人的债权与转让的债权是基于同一合同产生的，债务人可以向受让人主张抵销。《民法典》第 550 条规定，因债权转让增加的履行费用，由让与人负担。
3. A，解析：《民法典》第 551 条规定，债务人将债务的全部或者部分转移给第三人的，应当经债权人同意。债务人或者第三人可以催告债权人在合理期限内予以同意，债权人未作表示的，视为不同意。
4. D，解析：《民法典》第 558 条规定，债权债务终止后，当事人应当遵循诚信等原则，根据交易习惯履行通知、协助、保密、旧物回收等义务。

5. 关于债权债务终止时债权从权利的表述，正确的是：（　　）

A. 债权的从权利独立存在

B. 债权的从权利同时消灭，但是法律另有规定或者当事人另有约定的除外

C. 债权的从权利独立存在，但是法律另有规定或者当事人另有约定的除外

D. 债权的从权利同时消灭

6. 债务人除主债务之外还应当支付利息和费用，当其给付不足以清偿全部债务时，并且当事人没有约定的，人民法院应当按照某一顺序抵充，其中最优先的是：（　　）

A. 利息　　B. 主债务

C. 实现债权的有关费用　　D. 均优先，按照比例清偿

7. 当事人一方依法主张解除合同的，下列表述错误的是：（　　）

A. 应当通知对方，合同自通知到达对方时解除

B. 应当通知对方，合同自通知发出时解除

C. 对方有异议的，可以请求人民法院确认解除合同的效力

D. 对方有异议的，可以请求仲裁机构确认解除合同的效力

8. 下列关于法定的债务抵销的表述，错误的是：（　　）

A. 前提是当事人互负债务

B. 债务的标的物种类、品质相同

C. 任何一方可以将自己的债务与对方债务抵销

D. 根据债务性质、按照当事人约定或者依照法律规定不得抵销的除外

9. 下列关于约定的债务抵销的表述，错误的是：（　　）

A. 前提是当事人互负债务

B. 标的物种类可以不同，但须当事人协商一致

C. 标的物品质可以不同，但须当事人协商一致

D. 标的物种类和品质都不同的，即使当事人协商一致，也不得抵销

5. B，解析：《民法典》第559条规定，债权债务终止时，债权的从权利同时消灭，但是法律另有规定或者当事人另有约定的除外。
6. C，解析：《民法典》第561条规定，债务人在履行主债务外还应当支付利息和实现债权的有关费用，其给付不足以清偿全部债务的，除当事人另有约定外，应当按照下列顺序履行：（1）实现债权的有关费用；（2）利息；（3）主债务。
7. B，解析：《民法典》第565条规定，当事人一方依法主张解除合同的，应当通知对方。合同自通知到达对方时解除；通知载明债务人在一定期限内不履行债务则合同自动解除，债务人在该期限内未履行债务的，合同自通知载明的期限届满时解除。对方对解除合同有异议的，任何一方当事人均可以请求人民法院或者仲裁机构确认解除行为的效力。
8. C，解析：《民法典》第568条规定，当事人互负债务，该债务的标的物种类、品质相同的，任何一方可以将自己的债务与对方的到期债务抵销；但是，根据债务性质、按照当事人约定或者依照法律规定不得抵销的除外。
9. D，解析：《民法典》第569条规定，当事人互负债务，标的物种类、品质不相同的，经协商一致，也可以抵销。

10. 债务人将标的物或者将标的物依法拍卖、变卖所得价款交付(　　)时，提存成立。

A. 提存部门

B. 第三人

C. 债权人

D. 相对人

11. 债权人可随时领取提存物，其领取提存物的权利，自提存之日起(　　)内不行使而消灭。

A. 3 年　　B. 1 年

C. 2 个月　　D. 5 年

12. 债权和债务同归于一人的，债权债务终止，但是损害(　　)利益的除外。

A. 第三人　　B. 相对人

C. 债权人　　D. 债务人

三、多项选择题

1. 关于合同变更，以下表述正确的是：(　　)

A. 当事人协商一致，可以变更合同

B. 债权人向债务人发出变更合同通知的，可以变更合同

C. 债务人向债权人发出变更合同通知的，可以变更合同

D. 当事人对合同变更的内容约定不明确的，推定为未变更

2. 关于债权转让的表述，正确的是：(　　)

A. 当事人约定非金钱债权不得转让的，不得对抗第三人

B. 当事人约定非金钱债权不得转让的，不得对抗善意第三人

C. 当事人约定金钱债权不得转让的，不得对抗善意第三人

D. 当事人约定金钱债权不得转让的，不得对抗第三人

10. A，解析：《民法典》第 571 条规定，债务人将标的物或者将标的物依法拍卖、变卖所得价款交付提存部门时，提存成立。提存成立的，视为债务人在其提存范围内已经交付标的物。

11. D，解析：《民法典》第 574 条第 2 款规定，债权人领取提存物的权利，自提存之日起 5 年内不行使而消灭，提存物扣除提存费用后归国家所有。

12. A，解析：《民法典》第 576 条规定，债权和债务同归于一人的，债权债务终止，但是损害第三人利益的除外。

三、多项选择题

1. AD，解析：《民法典》第 543 条规定，当事人协商一致，可以变更合同。《民法典》第 544 条规定，当事人对合同变更的内容约定不明确的，推定为未变更。

2. BD，解析：《民法典》第 545 条第 2 款规定，当事人约定非金钱债权不得转让的，不得对抗善意第三人。当事人约定金钱债权不得转让的，不得对抗第三人。

3. 关于债权人将债权的全部或者部分转让给第三人，下列说法正确的是：（　　）

A. 根据债权性质不得转让的除外

B. 按照当事人约定不得转让的除外

C. 依照法律规定不得转让的除外

D. 当事人约定非金钱债权不得转让的，不得对抗善意第三人

4. 对于并存的债务承担，以下哪些情形中债权人可以请求第三人在其愿意承担的债务范围内和债务人承担连带债务？（　　）

A. 第三人与债务人约定加入债务并通知债权人，债权人未在合理期限内明确拒绝的

B. 第三人与债务人约定加入债务并通知债权人，债权人在合理期限内明确拒绝的

C. 第三人向债权人表示愿意加入债务，债权人在合理期限内明确拒绝的

D. 第三人向债权人表示愿意加入债务，债权人未在合理期限内明确拒绝的

5. 以下关于债务转移的表述，正确的是：（　　）

A. 债务人转移债务的，新债务人不得主张原债务人对债权人的抗辩

B. 债务人转移债务的，新债务人可以主张原债务人对债权人的抗辩

C. 原债务人对债权人享有债权的，新债务人不得向债权人主张抵销

D. 原债务人对债权人享有债权的，新债务人可以向债权人主张抵销

6. 关于合同的概括转移，以下表述正确的是：（　　）

A. 当事人一方经第三人同意，可以将自己在合同中的权利和义务一并转让给第三人

B. 当事人一方经对方同意，可以将自己在合同中的权利和义务一并转让给第三人

C. 当事人一方经对方和第三人同意，可以将自己在合同中的权利和义务一并转让给第三人

D. 合同的权利和义务一并转让的，适用债权转让、债务转移的有关规定

3. ABCD，解析：《民法典》第545条规定，债权人可以将债权的全部或者部分转让给第三人，但是有下列情形之一的除外：（1）根据债权性质不得转让；（2）按照当事人约定不得转让；（3）依照法律规定不得转让。当事人约定非金钱债权不得转让的，不得对抗善意第三人。当事人约定金钱债权不得转让的，不得对抗第三人。

4. AD，解析：《民法典》第552条规定，第三人与债务人约定加入债务并通知债权人，或者第三人向债权人表示愿意加入债务，债权人未在合理期限内明确拒绝的，债权人可以请求第三人在其愿意承担的债务范围内和债务人承担连带债务。

5. BC，解析：《民法典》第553条规定，债务人转移债务的，新债务人可以主张原债务人对债权人的抗辩；原债务人对债权人享有债权的，新债务人不得向债权人主张抵销。

6. BD，解析：《民法典》第555条规定，当事人一方经对方同意，可以将自己在合同中的权利和义务一并转让给第三人。《民法典》第556条规定，合同的权利和义务一并转让的，适用债权转让、债务转移的有关规定。

7. 有下列哪些情形时债权债务终止？（ ）

A. 债务已经履行　　B. 债务相互抵销

C. 债务人依法将标的物提存　　D. 债权人免除债务

8. 债务人的给付不足以清偿其对同一债权人所负的相同种类的全部债务，且在清偿时未作指定的，下列选项中，正确的是：（ ）

A. 应当优先抵充没有担保的债权

B. 均无担保或者担保相等的，优先抵充债务人负担较重的债务

C. 负担相同的，按照债务到期的先后顺序抵充

D. 债权人与债务人对债务清偿顺序有约定的按照约定

9. 关于解除合同，下列说法正确的是：（ ）

A. 当事人协商一致，可以解除合同

B. 当事人可以约定一方解除合同的事由

C. 当事人一方通知另一方，可以解除合同

D. 解除合同的事由发生时，解除权人可以解除合同

10. 法律没有规定或者当事人没有约定解除权行使期限，（ ），该权利消灭。

A. 自解除权人知道或者应当知道解除事由之日起 1 年内不行使

B. 自解除权人知道或者应当知道解除事由之日起 2 年内不行使

C. 解除权人经对方催告后在合理期限内不行使

D. 解除权人在不合理期限内不行使

11. 关于合同的权利义务关系终止对合同条款效力，表述正确的是：（ ）

A. 不影响合同中结算条款的效力

B. 不影响合同中清理条款的效力

C. 合同中结算条款相应终止

D. 合同中清理条款相应终止

7. ABCD，解析：《民法典》第557条规定，有下列情形之一的，债权债务终止：（1）债务已经履行；（2）债务相互抵销；（3）债务人依法将标的物提存；（4）债权人免除债务；（5）债权债务同归于一人；（6）法律规定或者当事人约定终止的其他情形。
8. BCD，解析：《民法典》第560条规定，债务人未作指定的，应当优先履行已经到期的债务；数项债务均到期的，优先履行对债权人缺乏担保或者担保最少的债务；均无担保或者担保相等的，优先履行债务人负担较重的债务；负担相同的，按照债务到期的先后顺序履行；到期时间相同的，按照债务比例履行。
9. ABD，解析：《民法典》第562条规定，当事人协商一致，可以解除合同。当事人可以约定一方解除合同的事由。解除合同的事由发生时，解除权人可以解除合同。
10. AC，解析：《民法典》第564条规定，法律没有规定或者当事人没有约定解除权行使期限，自解除权人知道或者应当知道解除事由之日起1年内不行使，或者经对方催告后在合理期限内不行使的，该权利消灭。
11. AB，解析：《民法典》第567条规定，合同的权利义务关系终止，不影响合同中结算和清理条款的效力。

12. 标的物提存后，债务人应当及时通知债权人或者(　　)。

A. 债权人的继承人　　B. 遗产管理人

C. 监护人　　D. 财产代管人

13. 关于标的物提存，下列说法正确的有：(　　)

A. 标的物提存后，毁损、灭失的风险由债权人承担

B. 标的物提存后，毁损、灭失的风险由债务人承担

C. 提存期间，标的物的孳息归债权人所有

D. 提存费用由债权人负担

14. 关于债务免除的表述，正确的是：(　　)

A. 债权人免除债务人部分债务的，债权债务部分终止，但是债务人在合理期限内拒绝的除外

B. 债权人免除债务人全部债务的，债权债务全部终止，但是债务人在合理期限内拒绝的除外

C. 债权人免除债务人部分债务的，债权债务部分终止，但是债务人拒绝的除外

D. 债权人免除债务人全部债务的，债权债务全部终止，但是债务人拒绝的除外

四、填空题

1. 当事人对合同变更的内容约定不明确的，推定为____。

2. 当事人约定非金钱债权不得转让的，不得对抗____。当事人约定金钱债权不得转让的，不得对抗____。

3. 债权人转让债权的，受让人取得与债权有关的从权利，但是该从权利____于债权人自身的除外。

4. 债务人的债权与转让的债权是基于____产生，债务人可以向受让人主张抵销。

12. ABCD，解析：《民法典》第 572 条规定，标的物提存后，债务人应当及时通知债权人或者债权人的继承人、遗产管理人、监护人、财产代管人。
13. ACD，解析：《民法典》第 573 条规定，标的物提存后，毁损、灭失的风险由债权人承担。提存期间，标的物的孳息归债权人所有。提存费用由债权人负担。
14. AB，解析：《民法典》第 575 条规定，债权人免除债务人部分或者全部债务的，债权债务部分或者全部终止，但是债务人在合理期限内拒绝的除外。

四、填空题

1. 未变更。(《民法典》第 544 条)
2. 善意第三人；第三人。(《民法典》第 545 条第 2 款)
3. 专属。(《民法典》第 547 条第 1 款)
4. 同一合同。(《民法典》第 549 条)

5. 第三人与债务人约定加入债务并通知债权人，或者第三人向债权人表示愿意加入债务，债权人未在合理期限内明确拒绝的，债权人可以请求第三人在其愿意承担的债务范围内和债务人承担____。
6. 债务人转移债务的，新债务人不应当承担与____，但该从债务专属于原债务人自身的除外。
7. 合同的权利和义务一并转让的，适用____的有关规定。
8. 债权债务终止时，债权的____同时消灭。
9. 解除合同的事由发生时，____可以解除合同。
10. 法律没有规定或者当事人没有约定解除权行使期限，自解除权人知道或者应当知道解除事由之日起____年内不行使，或者经对方催告后在____内不行使的，该权利消灭。
11. 主合同解除后，担保人对债务人应当承担的民事责任____，但是担保合同另有约定的除外。

5. 连带债务。(《民法典》第 552 条)

6. 主债务有关的从债务。(《民法典》第 554 条)

7. 债权转让、债务转移。(《民法典》第 556 条)

8. 从权利。(《民法典》第 559 条)

9. 解除权人。(《民法典》第 562 条第 2 款)

10. 1；合理期限。(《民法典》第 564 条第 2 款)

11. 仍应承担担保责任。(《民法典》第 566 条第 3 款)

第四讲 合同的保全

一、判断题

1. 债权人行使代位权所支出的费用，由债务人负担。(　　)
2. 人民法院认定代位权成立的，由债务人的相对人向债权人履行义务，债权人接受履行后，债权人与债务人、债务人与相对人之间相应的权利义务中止。(　　)
3. 债务人以明显不合理的低价转让财产、以明显不合理的高价受让他人财产或者为他人的债务提供担保，影响债权人的债权实现，债务人的相对人知道或者应当知道该情形的，债权人可以请求人民法院撤销债务人的行为。(　　)
4. 自债务人的行为发生之日起 3 年内没有行使撤销权的，该撤销权消灭。(　　)

二、单项选择题

1. 关于债权人的代位权，以下表述正确的是：(　　)
   A. 债权人可以向人民法院请求以自己的名义代位行使债务人对相对人的权利，但是专属债务人自身的除外
   B. 代位权的行使范围以债权人的全部债权为限
   C. 债权人行使代位权支出的费用，由债务人负担
   D. 相对人对债务人的抗辩，不得向债权人主张
2. 人民法院认定代位权成立的，由(　　)向债权人履行义务。
   A. 债权人的相对人　　B. 债务人的相对人
   C. 第三人　　D. 债务人

参考答案

一、判断题

1. ×，解析：《民法典》第 535 条规定，债权人行使代位权的必要费用，由债务人负担。
2. ×，解析：《民法典》第 537 条规定，人民法院认定代位权成立的，由债务人的相对人向债权人履行义务，债权人接受履行后，债权人与债务人、债务人与相对人之间相应的权利义务终止。
3. √，解析：《民法典》第 539 条。
4. ×，解析：《民法典》第 541 条规定，自债务人的行为发生之日起 5 年内没有行使撤销权的，该撤销权消灭。

二、单项选择题

1. A，解析：《民法典》第 535 条规定，因债务人怠于行使其债权以及与该债权有关的从权利，影响债权人的到期债权实现的，债权人可以向人民法院请求以自己的名义代位行使债务人对相对人的权利，但是该权利专属于债务人自身的除外。代位权的行使范围以债权人的到期债权为限。债权人行使代位权的必要费用，由债务人负担。相对人对债务人的抗辩，可以向债权人主张。
2. B，解析：《民法典》第 537 条规定，人民法院认定代位权成立的，由债务人的相对人向债权人履行义务，债权人接受履行后，债权人与债务人、债务人与相对人之间相应的权利义务终止。

3. 撤销权的行使范围以(　　)为限。

A. 相对人的债权　　B. 债务人的债务

C. 债权人的债权　　D. 相对人的债务

4. 撤销权自债权人知道或者应当知道撤销事由之日起(　　)年内行使。

A. 1　　B. 2

C. 3　　D. 4

5. 债务人影响债权人的债权实现的行为被撤销的，(　　)没有法律约束力。

A. 自始　　B. 自被宣告撤销之日起

C. 自判决生效之日起　　D. 自判决送达之日起

三、多项选择题

1. 债权人的债权到期前，债务人的债权或者与该债权有关的从权利存在诉讼时效期间即将届满或者未及时申报破产债权等情形，影响债权人的债权实现的，债权人可以代位向债务人的相对人请求如何处理?(　　)

A. 向债务人履行

B. 向破产管理人申报

C. 向债权人履行

D. 作出其他必要的行为

2. 债务人以(　　)等方式无偿处分财产权益，或者恶意延长其到期债权的履行期限，影响债权人的债权实现的，债权人可以请求人民法院撤销债务人的行为。

A. 放弃其债权

B. 放弃债权担保

C. 无偿转让财产

D. 有偿转让财产

3. C，解析：《民法典》第 540 条规定，撤销权的行使范围以债权人的债权为限。债权人行使撤销权的必要费用，由债务人负担。
4. A，解析：《民法典》第 541 条规定，撤销权自债权人知道或者应当知道撤销事由之日起 1 年内行使。
5. A，解析：《民法典》第 542 条规定，债务人影响债权人的债权实现的行为被撤销的，自始没有法律约束力。

三、多项选择题

1. ABD，解析：《民法典》第 536 条规定，债权人的债权到期前，债务人的债权或者与该债权有关的从权利存在诉讼时效期间即将届满或者未及时申报破产债权等情形，影响债权人的债权实现的，债权人可以代位向债务人的相对人请求其向债务人履行、向破产管理人申报或者作出其他必要的行为。
2. ABC，解析：《民法典》第 538 条规定，债务人以放弃其债权、放弃债权担保、无偿转让财产等方式无偿处分财产权益，或者恶意延长其到期债权的履行期限，影响债权人的债权实现的，债权人可以请求人民法院撤销债务人的行为。

3. 债务人采取以下哪些行为，影响债权人的债权实现，债务人的相对人知道或者应当知道该情形的，债权人可以请求人民法院撤销债务人的行为？（　　）

A. 以明显不合理的低价转让财产

B. 为自己的债务提供担保

C. 以明显不合理的高价受让他人财产

D. 为他人的债务提供担保

四、填空题

1. 债务人无偿处分财产权益，或者____延长其____债权的履行期限，影响债权人的债权实现的，债权人可以请求人民法院____债务人的行为。
2. 撤销权的行使范围以____为限。债权人行使撤销权的必要费用，由____负担。
3. 债务人影响债权人的债权实现的行为被撤销的，____没有法律约束力。

3. ACD，解析：《民法典》第539条规定，债务人以明显不合理的低价转让财产、以明显不合理的高价受让他人财产或者为他人的债务提供担保，影响债权人的债权实现，债务人的相对人知道或者应当知道该情形的，债权人可以请求人民法院撤销债务人的行为。

四、填空题

1. 恶意；到期；撤销。（《民法典》第538条）
2. 债权人的债权；债务人。（《民法典》第540条）
3. 自始。（《民法典》第542条）

第五讲　违约责任

一、判断题

1. 当事人一方明确表示或者以自己的行为表明不履行合同义务的，对方可以在履行期限届满前请求其承担违约责任。(　　)
2. 出现不能强制继续履行非金钱债务的法定情形，致使不能实现合同目的，人民法院或者仲裁机构可以根据当事人的请求终止合同权利义务关系，并免除违约责任的承担。(　　)
3. 履行不符合约定的，应当按照当事人的约定承担缔约过失责任。(　　)
4. 当事人就迟延履行约定违约金的，违约方支付违约金后，还应当履行债务。(　　)
5. 当事人可以约定一方向对方给付订金作为债权的担保。订金合同自实际交付订金时生效。(　　)
6. 债务人履行债务的，定金应当抵作价款或者收回。(　　)
7. 当事人不得以定金不足以弥补违约造成的损失为由请求对方赔偿超过定金数额的损失。(　　)
8. 当事人迟延履行后发生不可抗力的，不免除其违约责任。(　　)
9. 当事人一方因第三人的原因造成违约的，不需向对方承担违约责任。(　　)
10. 因国际货物买卖合同争议提起诉讼的时效期间为 3 年。(　　)

参考答案

一、判断题

1. √，解析：《民法典》第578条。
2. ×，解析：《民法典》第580条第2款规定，出现不能强制继续履行非金钱债务的法定情形，致使不能实现合同目的的，人民法院或者仲裁机构可以根据当事人的请求终止合同权利义务关系，但是不影响违约责任的承担。
3. ×，解析：《民法典》第582条规定，履行不符合约定的，应当按照当事人的约定承担违约责任。
4. √，解析：《民法典》第585条。
5. ×，解析：《民法典》第586条规定，作为债权担保方式的是“定金”。
6. √，解析：《民法典》第587条。
7. ×，解析：《民法典》第588条规定，定金不足以弥补一方违约造成的损失的，对方可以请求赔偿超过定金数额的损失。
8. √，解析：《民法典》第590条。
9. ×，解析：《民法典》第593条。
10. ×，解析：《民法典》第594条规定，因国际货物买卖合同和技术进出口合同争议提起诉讼或者申请仲裁的时效期间为4年。

二、单项选择题

1. 当事人一方不履行非金钱债务或者履行非金钱债务不符合约定的，对方可以请求履行，除非：(　　)

   A. 法律上或者事实上不能履行

   B. 债务的标的不适于强制履行或者履行费用过高

   C. 债权人在合理期限内未请求履行

   D. 以上都对

2. 当事人一方不履行合同义务或者履行合同义务不符合约定的，在履行义务或者采取补救措施后，对方还有其他损失的，(　　)。

   A. 可以适当补偿　　B. 可以赔偿损失

   C. 应当适当补偿　　D. 应当赔偿损失

3. 收受定金的一方不履行债务，或者履行债务不符合约定致使不能实现合同目的的，应当(　　)返还定金。

   A. 5 倍　　B. 双倍

   C. 3 倍　　D. 4 倍

4. 关于债权人拒绝受领，以下表述正确的是：(　　)

   A. 债务人按照约定履行债务，债权人拒绝受领的，债务人可以请求债权人赔偿增加的费用

   B. 在债权人受领迟延期间，债务人应当支付利息

   C. 债务人按照约定履行债务，债权人无正当理由拒绝受领的，债务人可以请求债权人赔偿费用

   D. 在债权人受领迟延期间，债务人无须支付利息

5. 在一方违约后，对方因防止损失扩大而支出的合理费用，由(　　)。

   A. 违约方负担　　B. 双方平均负担

   C. 双方另行约定　　D. 履约方负担

二、单项选择题

1. D，解析：《民法典》第580条规定，当事人一方不履行非金钱债务或者履行非金钱债务不符合约定的，对方可以请求履行，但是有下列情形之一的除外：（1）法律上或者事实上不能履行；（2）债务的标的不适于强制履行或者履行费用过高；（3）债权人在合理期限内未请求履行。
2. D，解析：《民法典》第583条规定，当事人一方不履行合同义务或者履行合同义务不符合约定的，在履行义务或者采取补救措施后，对方还有其他损失的，应当赔偿损失。
3. B，解析：《民法典》第587条规定，收受定金的一方不履行债务或者履行债务不符合约定，致使不能实现合同目的的，应当双倍返还定金。
4. D，解析：《民法典》第589条规定，债务人按照约定履行债务，债权人无正当理由拒绝受领的，债务人可以请求债权人赔偿增加的费用。在债权人受领迟延期间，债务人无须支付利息。
5. A，解析：《民法典》第591条规定，当事人因防止损失扩大而支出的合理费用，由违约方负担。

6. 当事人一方因第三人的原因造成违约的，应由(　　)向对方承担违约责任。

A. 当事人一方

B. 第三人

C. 当事人一方和第三人共同

D. 第三人向当事人一方承担，然后再由当事人一方

7. 因技术进出口合同争议申请仲裁的时效期间为(　　)。

A. 1 年　　B. 2 年

C. 3 年　　D. 4 年

三、多项选择题

1. 当事人一方不履行合同义务的，应当承担(　　)等违约责任。

A. 赔礼道歉　　B. 继续履行

C. 采取补救措施　　D. 赔偿损失

2. 当事人一方未支付(　　)，或者不履行其他金钱债务的，对方可以请求其支付。

A. 价款　　B. 报酬

C. 租金　　D. 利息

3. 履行不符合约定的，应当按照当事人的约定承担违约责任。对违约责任没有约定或者约定不明确，依据《民法典》合同编有关合同条款补充和确定的规定仍不能确定的，受损害方根据标的的性质以及损失的大小，可以合理选择请求对方承担(　　)、减少价款或者报酬等违约责任。

A. 修理　　B. 重作

C. 更换　　D. 退货

6. A，解析：《民法典》第 593 条规定，当事人一方因第三人的原因造成违约的，应当依法向对方承担违约责任。当事人一方和第三人之间的纠纷，依照法律规定或者按照约定处理。
7. D，解析：《民法典》第 594 条规定，因国际货物买卖合同和技术进出口合同争议提起诉讼或者申请仲裁的时效期间为 4 年。

三、多项选择题

1. BCD，解析：《民法典》第 577 条规定，当事人一方不履行合同义务或者履行合同义务不符合约定的，应当承担继续履行、采取补救措施或者赔偿损失等违约责任。
2. ABCD，解析：《民法典》第 579 条规定，当事人一方未支付价款、报酬、租金、利息，或者不履行其他金钱债务的，对方可以请求其支付。
3. ABCD，解析：《民法典》第 582 条规定，履行不符合约定的，应当按照当事人的约定承担违约责任。对违约责任没有约定或者约定不明确，依据本法第 510 条的规定仍不能确定的，受损害方根据标的的性质以及损失的大小，可以合理选择请求对方承担修理、重作、更换、退货、减少价款或者报酬等违约责任。

4. 当事人一方不履行合同义务或者履行合同义务不符合约定，造成对方损失的，损失赔偿额不得超过：(　　)

A. 违约一方订立合同时预见到的因违约可能造成的损失

B. 违约一方订立合同时应当预见到的因违约可能造成的损失

C. 对方订立合同时预见到的因违约可能造成的损失

D. 对方订立合同时应当预见到的因违约可能造成的损失

5. 关于违约金，下列说法正确的是：(　　)

A. 当事人可以约定一方违约时应当根据违约情况向对方支付一定数额的违约金

B. 当事人可以约定因违约产生的损失赔偿额的计算方法

C. 约定的违约金低于造成的损失的，人民法院或者仲裁机构可以根据当事人的请求予以增加

D. 约定的违约金过分高于造成的损失的，人民法院或者仲裁机构可以根据当事人的请求予以适当减少

6. 关于定金，下列说法正确的是：(　　)

A. 当事人可以约定一方向对方给付定金作为债权的担保

B. 定金合同自实际交付定金时成立

C. 定金的数额由当事人约定，但是，不得超过主合同标的额的20%

D. 实际交付的定金数额多于或者少于约定数额的，视为变更约定的定金数额

7. 当事人既约定违约金，又约定定金的，一方违约时，(　　)。

A. 违约方可以选择适用违约金

B. 守约方可以选择适用定金

C. 违约方可以选择适用定金

D. 守约方可以选择适用违约金

4. AB，解析：《民法典》第584条规定，当事人一方不履行合同义务或者履行合同义务不符合约定，造成对方损失的，损失赔偿额应当相当于因违约所造成的损失，包括合同履行后可以获得的利益；但是，不得超过违约一方订立合同时预见到或者应当预见到的因违约可能造成的损失。
5. ABCD，解析：《民法典》第585条规定，当事人可以约定一方违约时应当根据违约情况向对方支付一定数额的违约金，也可以约定因违约产生的损失赔偿额的计算方法。约定的违约金低于造成的损失的，人民法院或者仲裁机构可以根据当事人的请求予以增加；约定的违约金过分高于造成的损失的，人民法院或者仲裁机构可以根据当事人的请求予以适当减少。
6. ABCD，解析：《民法典》第586条规定，当事人可以约定一方向对方给付定金作为债权的担保。定金合同自实际交付定金时成立。定金的数额由当事人约定；但是，不得超过主合同标的额的20%，超过部分不产生定金的效力。实际交付的定金数额多于或者少于约定数额的，视为变更约定的定金数额。
7. BD，解析：《民法典》第588条规定，当事人既约定违约金，又约定定金的，一方违约时，对方可以选择适用违约金或者定金条款。

8. 关于当事人一方因不可抗力不能履行合同的表述，正确的是：（ ）

A. 可以部分或者全部免除责任

B. 应当及时通知对方

C. 应当在合理期限内提供证明

D. 当事人迟延履行后发生不可抗力的，可以免除违约责任

9. 关于当事人都违反合同的责任，以下表述正确的是：（ ）

A. 当事人都违反合同的，应当各自承担相应的责任

B. 当事人都违反合同的，应当互相免除对方的责任

C. 当事人一方违约造成对方损失，对方对损失的发生有过错的，应当减少相应的损失赔偿额

D. 当事人一方违约造成对方损失，对方对损失的发生有过错的，可以减少相应的损失赔偿额

四、填空题

1. 当事人一方不履行合同义务或者履行合同义务不符合约定的，应当承担继续履行、采取补救措施或者赔偿损失等____责任。
2. 当事人一方未支付价款、报酬、租金、利息，或者不履行其他____的，对方可以请求其支付。
3. 当事人一方不履行债务或者履行债务不符合约定，根据债务的性质不得强制履行的，对方可以请求其负担由____替代履行的费用。
4. 当事人一方不履行合同义务或者履行合同义务不符合约定的，在履行义务或者采取补救措施后，对方还有其他损失的，应当____。
5. 当事人一方不履行合同义务或者履行合同义务不符合约定，造成对方损失的，损失赔偿额应当____因违约所造成的损失。
6. 在债权人受领迟延期间，债务人____支付利息。
7. 当事人因防止损失扩大而支出的合理费用，由____负担。
8. 当事人都违反合同的，应当____承担相应的责任。

8. ABC，解析：《民法典》第590条规定，当事人一方因不可抗力不能履行合同的，根据不可抗力的影响，部分或者全部免除责任，但是法律另有规定的除外。因不可抗力不能履行合同的，应当及时通知对方，以减轻可能给对方造成的损失，并应当在合理期限内提供证明。当事人迟延履行后发生不可抗力的，不免除其违约责任。
9. AD，解析：《民法典》第592条规定，当事人都违反合同的，应当各自承担相应的责任。当事人一方违约造成对方损失，对方对损失的发生有过错的，可以减少相应的损失赔偿额。

四、填空题

1. 违约。(《民法典》第577条)
2. 金钱债务。(《民法典》第579条)
3. 第三人。(《民法典》第581条)
4. 赔偿损失。(《民法典》第583条)
5. 相当于。(《民法典》第584条)
6. 无须。(《民法典》第589条第2款)
7. 违约方。(《民法典》第591条第2款)
8. 各自。(《民法典》第592条第1款)

第六讲　典型合同

一、判断题

1. 买卖合同的内容一般包括标的物的名称、数量、质量、价款、履行期限、履行地点和方式、包装方式、检验标准和方法、结算方式、合同使用的文字及其效力等条款。(　　)
2. 因出卖人未取得处分权致使标的物所有权不能转移的，买受人可以解除合同并请求出卖人承担缔约过失责任。(　　)
3. 出卖人应当按照约定或者交易习惯向买受人交付提取标的物单证以外的有关单证和资料。(　　)
4. 约定交付期限的，买受人可以指定出卖人在该交付期限内的任何时间交付。(　　)
5. 出卖人应当按照约定的地点交付标的物。(　　)
6. 因买受人的原因致使标的物未按照约定的期限交付的，买受人应当自违反约定时起承担标的物毁损、灭失的风险。(　　)
7. 出卖人出卖交由承运人运输的在途标的物，除当事人另有约定外，毁损、灭失的风险自合同成立时起由出卖人承担。(　　)
8. 出卖人按照约定未交付有关标的物的单证和资料的，影响标的物毁损、灭失风险的转移。(　　)
9. 标的物毁损、灭失的风险由买受人承担的，不影响因出卖人履行义务不符合约定，买受人请求其承担违约责任的权利。(　　)
10. 用电人逾期不支付电费的，供电人可以按照国家规定的程序中止供电。(　　)
11. 供用水、供用气、供用热力合同，参照适用供用电合同的有关规定。(　　)

参考答案

一、判断题

1. √，解析：《民法典》第596条。
2. ×，解析：《民法典》第597条第1款规定，因出卖人未取得处分权致使标的物所有权不能转移的，买受人可以解除合同并请求出卖人承担违约责任。
3. √，解析：《民法典》第599条。
4. ×，解析：《民法典》第601条规定，出卖人应当按照约定的时间交付标的物。约定交付期限的，出卖人可以在该交付期限内的任何时间交付。
5. √，解析：《民法典》第603条。
6. √，解析：《民法典》第605条。
7. ×，解析：《民法典》第606条。
8. ×，解析：《民法典》第609条。
9. √，解析：《民法典》第611条。
10. ×，解析：《民法典》第654条第1款规定，用电人应当按照国家有关规定和当事人的约定及时支付电费。用电人逾期不支付电费的，应当按照约定支付违约金。经催告用电人在合理期限内仍不支付电费和违约金的，供电人可以按照国家规定的程序中止供电。据此，供电人中止供电前需履行催告程序。
11. √，解析：《民法典》第656条规定，供用水、供用气、供用热力合同，参照适用供用电合同的有关规定。

12. 附义务的赠与合同中，赠与的财产有瑕疵的，赠与人无需承担责任。( )

13. 赠与合同中，赠与人的继承人或者法定代理人的撤销权，自知道或者应当知道撤销事由之日起3个月内行使。( )

14. 借款合同中，借款人对支付利息的期限没有约定或者约定不明确的，可以签订补充协议。( )

15. 借款合同中，借款人未按照约定的期限返还借款的，应当按照约定或者国家有关规定支付逾期利息。( )

16. 借款合同中，借款人可以在还款期限届满之前向贷款人申请展期；贷款人同意的，可以展期。( )

17. 保证合同可以是单独订立的书面合同，也可以是主债权债务合同中的保证条款。( )

18. 当事人在保证合同中约定，债务人不能履行债务时，由保证人承担保证责任的，为连带责任保证。( )

19. 租赁合同中，对支付租金的期限没有约定或者约定不明确，出租人可以要求承租人在其指定的期限内支付租金。( )

20. 租赁合同中，第三人对租赁物主张权利的，承租人可以请求减少租金。( )

21. 融资租赁合同中，出租人根据承租人对出卖人、租赁物的选择订立的买卖合同，出卖人应当按照约定向承租人交付标的物，承租人享有与受领标的物有关的买受人的权利。( )

22. 保理合同是应收账款债权人将现有的或者将有的应收账款转让给保理人，保理人提供资金融通、应收账款管理或者催收、应收账款债务人付款担保等服务的合同。( )

23. 承揽合同中，定作人中途变更承揽工作的要求，造成承揽人损失的，应当赔偿损失。( )

12. ×，解析：《民法典》第662条第1款规定，赠与的财产有瑕疵的，赠与人不承担责任。附义务的赠与，赠与的财产有瑕疵的，赠与人在附义务的限度内承担与出卖人相同的责任。
13. ×，解析：《民法典》第664条第2款规定，赠与人的继承人或者法定代理人的撤销权，自知道或者应当知道撤销事由之日起6个月内行使。
14. √，解析：《民法典》第510条、第674条。
15. √，解析：《民法典》第676条。
16. √，解析：《民法典》第678条。
17. √，解析：《民法典》第685条。
18. ×，解析：《民法典》第687条第1款规定，当事人在保证合同中约定，债务人不能履行债务时，由保证人承担保证责任的，为一般保证。
19. ×，解析：《民法典》第721条规定，承租人应当按照约定的期限支付租金。对支付租金的期限没有约定或者约定不明确，依据本法第510条的规定仍不能确定，租赁期限不满1年的，应当在租赁期限届满时支付；租赁期限1年以上的，应当在每届满1年时支付，剩余期限不满1年的，应当在租赁期限届满时支付。
20. ×，解析：《民法典》第723条规定，因第三人主张权利，致使承租人不能对租赁物使用、收益的，承租人可以请求减少租金或者不支付租金。
21. √，解析：《民法典》第739条规定。
22. √，解析：《民法典》第761条。
23. √，解析：《民法典》第777条。

24. 承揽合同中，承揽人在工作期间，应当接受定作人必要的监督检验。定作人不得因监督检验妨碍承揽人的工作。(　　)
25. 建设工程合同必须采用口头形式。(　　)
26. 货物运输到达后，承运人知道收货人的，应当及时通知收货人，收货人应当及时提货。(　　)
27. 技术合同涉及专利的，可以注明专利号和专利权的有效期限。(　　)
28. 保管合同自保管物交付时成立，但是当事人另有约定的除外。(　　)
29. 受托人以自己的名义，在委托人的授权范围内与第三人订立的合同，直接约束委托人和第三人。(　　)
30. 在委托合同中，因受托人的过错造成委托人损失的，受托人应当向委托人承担赔偿责任。(　　)
31. 中介人促成合同成立的，中介活动的费用，由委托人负担。(　　)
32. 中介人未促成合同成立的，不得请求支付报酬和从事中介活动支出的必要费用。(　　)

二、单项选择题

1. 在既无法律另外规定、又无当事人另行约定时，关于标的物毁损、灭失的风险，以下表述正确的是：(　　)

   A. 在标的物交付之前由出卖人承担，交付之后由买受人承担

   B. 均由出卖人承担

   C. 均由买受人承担

   D. 由出卖人和买受人共同分担

2. 出卖人出卖交由承运人运输的在途标的物，除当事人另有约定外，毁损、灭失的风险自合同成立时起由(　　)承担。

   A. 出卖人　　B. 买受人

   C. 出卖人和买受人共同　　D. 承运人

24. ×，解析：《民法典》第779条规定，承揽人在工作期间，应当接受定作人必要的监督检验。定作人不得因监督检验妨碍承揽人的正常工作。
25. ×，解析：《民法典》第789条规定，建设工程合同应当采用书面形式。
26. √，解析：《民法典》第830条。
27. ×，解析：《民法典》第845条第3款规定，技术合同涉及专利的，应当注明发明创造的名称、专利申请人和专利权人、申请日期、申请号、专利号以及专利权的有效期限。
28. √，解析：《民法典》第890条。
29. ×，解析：《民法典》第925条规定，受托人以自己的名义，在委托人的授权范围内与第三人订立的合同，第三人在订立合同时知道受托人与委托人之间的代理关系的，该合同直接约束委托人和第三人；但是，有确切证据证明该合同只约束受托人和第三人的除外。
30. ×，解析：《民法典》第929条第1款规定，有偿的委托合同，因受托人的过错造成委托人损失的，委托人可以请求赔偿损失。无偿的委托合同，因受托人的故意或者重大过失造成委托人损失的，委托人可以请求赔偿损失。
31. ×，解析：《民法典》第963条第2款规定，中介人促成合同成立的，中介活动的费用，由中介人负担。
32. ×，解析：《民法典》第964条规定，中介人未促成合同成立的，不得请求支付报酬；但是，可以按照约定请求委托人支付从事中介活动支出的必要费用。

二、单项选择题

1. A，解析：《民法典》第604条规定，标的物毁损、灭失的风险，在标的物交付之前由出卖人承担，交付之后由买受人承担，但是法律另有规定或者当事人另有约定的除外。
2. B，解析：《民法典》第606条规定，出卖人出卖交由承运人运输的在途标的物，除当事人另有约定外，毁损、灭失的风险自合同成立时起由买受人承担。

3. 关于标的物风险与责任承担，以下说法正确的是：（　　）

A. 标的物毁损的风险由买受人承担的，不影响因出卖人履行义务不符合约定，买受人请求其承担违约责任的权利

B. 标的物灭失的风险由买受人承担的，影响因出卖人履行义务不符合约定，买受人请求其承担违约责任的权利

C. 标的物毁损的风险由买受人承担的，不影响因出卖人履行义务不符合约定，买受人请求其承担侵权责任的权利

D. 标的物灭失的风险由买受人承担的，不影响因出卖人履行义务不符合约定，买受人请求其承担缔约过失责任的权利

4. 关于权利瑕疵担保，以下说法正确的是：（　　）

A. 出卖人就要约的标的物，负有保证第三人对该标的物不享有任何权利的义务，但是法律另有规定的除外

B. 出卖人就交付的标的物，负有保证第三人对该标的物不享有任何权利的义务，但是法律另有规定的除外

C. 买受人合同生效时知道第三人对买卖的标的物享有权利的，出卖人不承担法律规定的权利瑕疵担保义务

D. 买受人合同生效时知道第三人对买卖的标的物享有权利的，第三人不承担法律规定的权利瑕疵担保义务

5. 当事人对标的物的质量要求没有约定或者约定不明确，又不能达成补充协议或按交易习惯确定时，以下表述错误的是：（　　）

A. 选择适用强制性国家标准或推荐性国家标准履行

B. 没有强制性国家标准的，按照推荐性国家标准履行

C. 没有推荐性国家标准的，按照行业标准履行

D. 没有国家标准、行业标准的，按照通常标准或者符合合同目的的特定标准履行

3. A，解析：《民法典》第 611 条规定，标的物毁损、灭失的风险由买受人承担的，不影响因出卖人履行义务不符合约定，买受人请求其承担违约责任的权利。
4. B，解析：《民法典》第 612 条规定，出卖人就交付的标的物，负有保证第三人对该标的物不享有任何权利的义务，但是法律另有规定的除外。《民法典》第 613 条规定，买受人订立合同时知道或者应当知道第三人对买卖的标的物享有权利的，出卖人不承担前条规定的义务。
5. A，解析：《民法典》第 616 条规定，当事人对标的物的质量要求没有约定或者约定不明确，依据本法第 510 条的规定仍不能确定的，适用本法第 511 条第 1 项的规定。

6. 出卖人应当按照约定的包装方式交付标的物。对包装方式没有约定或者约定不明确，依照关于合同履行的规定仍不能确定，且没有通用方式的，应当采取(　　)且有利于节约资源、保护生态环境的方式包装。

A. 足以保护标的物　　B. 出卖人确定的

C. 买受人要求的　　D. 符合技术标准的

7. 关于标的物的检验，以下表述正确的是：(　　)

A. 买受人收到标的物时应当在约定的检验期限内检验

B. 当事人没有约定检验期限的，买受人可以随时检验

C. 当事人没有约定检验期限的，买受人应当立即检验

D. 买受人应当在出卖人交付标的物时立即检验

8. 出卖人依照买受人的指示向第三人交付标的物，出卖人和买受人约定的检验标准与买受人和第三人约定的检验标准不一致的，以(　　)约定的检验标准为准。

A. 出卖人和买受人　　B. 出卖人和第三人

C. 买受人和第三人　　D. 出卖人、买受人和第三人重新

9. 买卖合同中，出卖人多交标的物的，买受人处理方式的下列表述中，错误的是：(　　)

A. 买受人可以接收也可以拒绝接收多交的部分

B. 买受人拒绝接收多交部分的，应及时通知出卖人

C. 买受人接收多交部分的，按照约定的价格支付价款

D. 买受人接收多交部分的，按照接收货物时的市场价支付价款

10. 标的物为数物，其中一物不符合约定的，买受人可以就该物解除。但是，该物与他物分离使标的物的价值显受损害的，买受人可以就(　　)解除合同。

A. 该物　　B. 他物

C. 数物　　D. 该物或他物

6. A，解析：《民法典》第619条规定，出卖人应当按照约定的包装方式交付标的物。对包装方式没有约定或者约定不明确，依据本法第510条的规定仍不能确定的，应当按照通用的方式包装；没有通用方式的，应当采取足以保护标的物且有利于节约资源、保护生态环境的包装方式。
7. A，解析：《民法典》第620条规定，买受人收到标的物时应当在约定的检验期限内检验。没有约定检验期限的，应当及时检验。
8. A，解析：《民法典》第624条规定，出卖人依照买受人的指示向第三人交付标的物，出卖人和买受人约定的检验标准与买受人和第三人约定的检验标准不一致的，以出卖人和买受人约定的检验标准为准。
9. D，解析：《民法典》第629条规定，出卖人多交标的物的，买受人可以接收或者拒绝接收多交的部分。买受人接收多交部分的，按照约定的价格支付价款；买受人拒绝接收多交部分的，应当及时通知出卖人。
10. C，解析：《民法典》第632条规定，标的物为数物，其中一物不符合约定的，买受人可以就该物解除。但是，该物与他物分离使标的物的价值显受损害的，买受人可以就数物解除合同。

11. 分期付款的买受人未支付到期价款的数额达到全部价款的(　　)，经催告后在合理期限内仍未支付到期价款的，出卖人可以请求买受人支付全部价款或者解除合同。

A. 1/6　　B. 1/5

C. 1/4　　D. 1/3

12. 凭样品买卖的买受人不知道样品有隐蔽瑕疵的，即使交付的标的物与样品相同，出卖人交付的标的物的质量仍然应当符合同种物的(　　)。

A. 国家强制标准　　B. 国家推荐标准

C. 通常标准　　D. 行业标准

13. 关于试用买卖的错误表述是：(　　)

A. 试用买卖的买受人在试用期内可以购买标的物，也可以拒绝购买

B. 试用期届满，买受人对是否购买标的物未作表示的，视为拒绝购买

C. 试用买卖的买受人在试用期内已经支付部分价款或者对标的物实施设立担保物权行为的，视为同意购买

D. 试用买卖的当事人对标的物使用费没有约定或者约定不明确的，出卖人无权请求买受人支付

14. 供电合同中，供电方的义务不包括：(　　)

A. 对事故断电的抢修　　B. 中断供电事先通知

C. 安全供电　　D. 赔偿因断电造成的损失

15. 赠与合同中，赠与人的继承人或者法定代理人的撤销权，自知道或者应当知道撤销事由之日起(　　)内行使。

A. 3个月　　B. 6个月

C. 1年　　D. 3年

11. B，解析：《民法典》第 634 条规定，分期付款的买受人未支付到期价款的数额达到全部价款的 1/5，经催告后在合理期限内仍未支付到期价款的，出卖人可以请求买受人支付全部价款或者解除合同。
12. C，解析：《民法典》第 636 条规定，凭样品买卖的买受人不知道样品有隐蔽瑕疵的，即使交付的标的物与样品相同，出卖人交付的标的物的质量仍然应当符合同种物的通常标准。
13. B，解析：《民法典》第 638 条规定，试用买卖的买受人在试用期内可以购买标的物，也可以拒绝购买。试用期限届满，买受人对是否购买标的物未作表示的，视为购买。试用买卖的买受人在试用期内已经支付部分价款或者对标的物实施出卖、出租、设立担保物权等行为的，视为同意购买。《民法典》第 639 条规定，试用买卖的当事人对标的物使用费没有约定或者约定不明确的，出卖人无权请求买受人支付。
14. D，解析：《民法典》第 653 条规定，因自然灾害等原因断电，供电人应当按照国家有关规定及时抢修；未及时抢修，造成用电人损失的，应当承担赔偿责任。A 项是供电方的义务，不当选。《民法典》第 652 条规定，供电人因供电设施计划检修、临时检修、依法限电或者用电人违法用电等原因，需要中断供电时，应当按照国家有关规定事先通知用电人；未事先通知用电人中断供电，造成用电人损失的，应当承担赔偿责任。B 项是供电方的义务，不当选。《民法典》第 651 条规定，供电人应当按照国家规定的供电质量标准和约定安全供电。供电人未按照国家规定的供电质量标准和约定安全供电，造成用电人损失的，应当承担赔偿责任。C 项是供电方的义务，不当选。承担赔偿责任是对违反义务的救济，而非义务，故 D 项当选。
15. B，解析：《民法典》第 664 条第 2 款规定，赠与人的继承人或者法定代理人的撤销权，自知道或者应当知道撤销事由之日起 6 个月内行使。

16. 借款合同中，利息预先在本金中扣除的，应当按照(　　)返还借款并计算利息。

A. 借款本金　　B. 合同约定数额

C. 实际借款数额　　D. 借款本息

17. 借款合同中，对于借款使用情况的监督，下列表述错误的是：(　　)

A. 借款人应当按照贷款人的要求提供与借款有关的业务活动和财务状况的真实情况

B. 借款人应当按照贷款人的要求使用借款

C. 贷款人按照约定可以检查、监督借款的使用情况

D. 借款人应当按照约定向贷款人定期提供有关财务会计报表或者其他资料

18. 根据《民法典》的规定，下列哪一选项不是保证合同的条款：(　　)

A. 主债权的种类、数额　　B. 保证人的资产证明

C. 债务人履行债务的期限　　D. 保证的方式、范围和期间

19. 根据《民法典》的规定，当事人在保证合同中对保证方式没有约定或者约定不明确的，按照(　　)承担保证责任。

A. 有限保证　　B. 连带责任保证

C. 一般保证　　D. 最高额保证

20. 根据《民法典》的规定，下列哪一项不是出租人的义务？(　　)

A. 按照约定将租赁物交付承租人

B. 在租赁期限内保持租赁物符合约定的用途

C. 履行租赁物的维修义务

D. 妥善保管租赁物

16. C，解析：《民法典》第 670 条规定，借款的利息不得预先在本金中扣除。利息预先在本金中扣除的，应当按照实际借款数额返还借款并计算利息。
17. B，解析：《民法典》第 669 条规定，订立借款合同，借款人应当按照贷款人的要求提供与借款有关的业务活动和财务状况的真实情况。《民法典》第 672 条规定，贷款人按照约定可以检查、监督借款的使用情况。借款人应当按照约定向贷款人定期提供有关财务会计报表或者其他资料。
18. B，解析：《民法典》第 684 条规定，保证合同的内容一般包括被保证的主债权的种类、数额，债务人履行债务的期限，保证的方式、范围和期间等条款。
19. C，解析：《民法典》第 686 条规定，保证的方式包括一般保证和连带责任保证。当事人在保证合同中对保证方式没有约定或者约定不明确的，按照一般保证承担保证责任。
20. D，解析：《民法典》第 708 条规定，出租人应当按照约定将租赁物交付承租人，并在租赁期限内保持租赁物符合约定的用途。《民法典》第 712 条规定，出租人应当履行租赁物的维修义务，但是当事人另有约定的除外。《民法典》第 714 条规定，承租人应当妥善保管租赁物，因保管不善造成租赁物毁损、灭失的，应当承担赔偿责任。

21. 租赁合同中，承租人按照约定的方法或者根据租赁物的性质使用租赁物，致使租赁物受到损耗的(　　)。

A. 承担主要赔偿责任　　B. 仅就损耗部分承担赔偿责任

C. 不承担赔偿责任　　D. 承担全部赔偿责任

22. 根据《民法典》的规定，除当事人另有约定的外，租赁物的维修义务由(　　)承担。

A. 次承租人　　B. 出租人

C. 承租人　　D. 第三人

23. 租赁期限届满，承租人继续使用租赁物，出租人没有提出异议的，以下表述正确的是：(　　)

A. 原租赁合同继续有效，租赁期限与原租赁合同期限相同

B. 原租赁合同继续有效，租赁期限不定期

C. 原租赁合同效力中止，承租人追认的继续有效

D. 原租赁合同效力中止，出租人追认的继续有效

24. 融资租赁合同中，出租人与出卖人缔结买卖合同后，由(　　)享有与受领标的物有关的买受人的权利。

A. 出租人　　B. 承租人

C. 出租人和承租人共同　　D. 出租人和承租人分别

25. 关于保理合同，下列说法错误的是：(　　)

A. 应收账款债权人与债务人不得虚构应收账款作为转让标的与保理人订立保理合同

B. 保理人不知道虚构应收账款的，应收账款债务人不得以应收账款不存在为由对抗保理人

C. 保理人明知虚构应收账款的，应收账款债务人可以以应收账款不存在为由对抗保理人

D. 保理人不知道虚构应收账款的，应收账款债务人可以以应收账款不存在为由对抗保理人

21. C，解析：《民法典》第 710 条规定，承租人按照约定的方法或者根据租赁物的性质使用租赁物，致使租赁物受到损耗的，不承担赔偿责任。
22. B，解析：《民法典》第 712 条规定，出租人应当履行租赁物的维修义务，但是当事人另有约定的除外。
23. B，解析：《民法典》第 734 条第 1 款规定，租赁期限届满，承租人继续使用租赁物，出租人没有提出异议的，原租赁合同继续有效，但是租赁期限为不定期。
24. B，解析：《民法典》第 739 条规定，出租人根据承租人对出卖人、租赁物的选择订立的买卖合同，出卖人应当按照约定向承租人交付标的物，承租人享有与受领标的物有关的买受人的权利。
25. D，解析：《民法典》第 763 条规定，应收账款债权人与债务人虚构应收账款作为转让标的，与保理人订立保理合同的，应收账款债务人不得以应收账款不存在为由对抗保理人，但是保理人明知虚构的除外。

26. 根据《民法典》的规定，根据承揽人交付的工作成果不符合质量要求的，下列哪一项不是定作人可以合理选择请求承揽人承担的违约责任？(　　)

A. 减少报酬　　B. 修理

C. 延长履行期限　　D. 重作

27. 根据《民法典》的规定，定作人未向承揽人支付报酬或者材料费等价款的，承揽人对完成的工作成果享有：(　　)

A. 所有权　　B. 质权

C. 抵押权　　D. 留置权

28. 下列哪一项不是施工合同的内容？(　　)

A. 提交有关基础资料和概预算等文件的期限

B. 中间交工工程的开工和竣工时间

C. 材料和设备供应责任

D. 质量保修范围和质量保证期

29. 根据《民法典》的规定，建设工程合同没有规定的，适用(　　)的有关规定。

A. 中介合同　　B. 委托合同

C. 行纪合同　　D. 承揽合同

30. 下列哪种情形下，旅客不需要补交票款？(　　)

A. 无票乘坐　　B. 超程乘坐

C. 越级乘坐　　D. 承运人提高服务标准

31. 旅客随身携带的行李超过限量或违反品类要求时，旅客应如何处理？(　　)

A. 办理寄存手续　　B. 办理托运手续

C. 办理补票手续　　D. 继续携带乘坐

32. 非法垄断技术或者侵害他人技术成果的技术合同(　　)。

A. 无效　　B. 效力待定

C. 可变更　　D. 可撤销

26. C，解析：《民法典》第 781 条规定，承揽人交付的工作成果不符合质量要求的，定作人可以合理选择请求承揽人承担修理、重作、减少报酬、赔偿损失等违约责任。

27. D，解析：《民法典》第 783 条规定，定作人未向承揽人支付报酬或者材料费等价款的，承揽人对完成的工作成果享有留置权或者有权拒绝交付，但是当事人另有约定的除外。

28. A，解析：《民法典》第 794 条规定，勘察、设计合同的内容一般包括提交有关基础资料和概预算等文件的期限、质量要求、费用以及其他协作条件等条款。《民法典》第 795 条规定，施工合同的内容一般包括工程范围、建设工期、中间交工工程的开工和竣工时间、工程质量、工程造价、技术资料交付时间、材料和设备供应责任、拨款和结算、竣工验收、质量保修范围和质量保证期、相互协作等条款。

29. D，解析：《民法典》第 808 条规定，本章没有规定的，适用承揽合同的有关规定。

30. D，解析：《民法典》第 815 条第 1 款规定，旅客应当按照有效客票记载的时间、班次和座位号乘坐。旅客无票乘坐、超程乘坐、越级乘坐或者持失效客票乘坐的，应当补交票款，承运人可以按照规定加收票款；旅客不支付票款的，承运人可以拒绝运输。《民法典》第 821 条规定，承运人擅自降低服务标准的，应当根据旅客的请求退票或者减收票款；提高服务标准的，不得加收票款。

31. B，解析：《民法典》第 817 条规定，旅客随身携带行李应当符合约定的限量和品类要求；超过限量或者违反品类要求携带行李的，应当办理托运手续。

32. A，解析：《民法典》第 850 条规定，非法垄断技术或者侵害他人技术成果的技术合同无效。

33. 在技术开发合同中，委托开发合同的委托人的义务不包括：(　　)

A. 按照约定支付研究开发经费和报酬

B. 提供技术资料

C. 提出研究开发要求

D. 按照约定制定研究开发计划

34. 寄存人未按照约定支付保管费或者其他费用的，保管人对保管物享有(　　)，但是当事人另有约定的除外。

A. 留置权　　B. 抵押权

C. 提存权　　D. 质权

35. 关于仓储合同，下列哪项说法是错误的？(　　)

A. 仓单是提取仓储物的凭证

B. 保管人根据存货人的要求，应当同意其检查仓储物或者提取样品

C. 保管人根据仓单持有人的要求，应当同意其检查仓储物

D. 保管人可以不同意仓单持有人提取样品的请求

36. 建设单位依法与物业服务人订立的前期物业服务合同约定的服务期限届满前，业主委员会或者业主与新物业服务人订立的物业服务合同____的，前期物业服务合同____。关于空格处依次填写的内容，下列哪项说法是正确的？(　　)

A. 成立、终止

B. 生效、撤销

C. 生效、终止

D. 成立、撤销

37. 关于行纪合同，下列哪项说法是错误的？(　　)

A. 行纪合同是行纪人以自己的名义为委托人从事贸易活动

B. 委托人需向行纪人支付报酬

C. 行纪人处理委托事务支出的费用，原则上由行纪人负担

D. 行纪人处理委托事务支出的费用，原则上由委托人负担

33. D，解析：《民法典》第 852 条规定，委托开发合同的委托人应当按照约定支付研究开发经费和报酬，提供技术资料，提出研究开发要求，完成协作事项，接受研究开发成果。《民法典》第 853 条规定，委托开发合同的研究开发人应当按照约定制定和实施研究开发计划。

34. A，解析：《民法典》第 903 条规定，寄存人未按照约定支付保管费或者其他费用的，保管人对保管物享有留置权，但是当事人另有约定的除外。

35. D，解析：《民法典》第 910 条规定，仓单是提取仓储物的凭证。《民法典》第 911 条规定，保管人根据存货人或者仓单持有人的要求，应当同意其检查仓储物或者提取样品。

36. C，解析：《民法典》第 940 条规定，建设单位依法与物业服务人订立的前期物业服务合同约定的服务期限届满前，业主委员会或者业主与新物业服务人订立的物业服务合同生效的，前期物业服务合同终止。

37. D，解析：《民法典》第 951 条规定，行纪合同是行纪人以自己的名义为委托人从事贸易活动，委托人支付报酬的合同。第 952 条规定，行纪人处理委托事务支出的费用，由行纪人负担，但是当事人另有约定的除外。

38. 合伙人就合伙事务作出决定的，除合伙合同另有约定外，应当经(　　)同意。

A. 1/2 以上合伙人

B. 全体合伙人一致

C. 2/3 以上合伙人

D. 3/4 以上合伙人

三、多项选择题

1. 因买受人的原因致使标的物不能按照约定的期限交付的，对于标的物毁损、灭失的风险，以下表述错误的是：(　　)

A. 应当由买受人自标的物交付之日起承担

B. 应当由买受人自违反约定时起承担

C. 应当由买受人自标的物毁损、灭失之日起承担

D. 应当由买受人自依照合同约定之日承担

2. 关于未交付单证和资料的说法，正确的是：(　　)

A. 出卖人按照约定未交付有关标的物的单证和资料的，不影响标的物毁损风险的转移

B. 出卖人按照约定未交付有关标的物的单证和资料的，影响标的物灭失风险的转移

C. 出卖人按照约定未交付有关标的物的单证和资料的，影响标的物毁损风险的转移

D. 出卖人按照约定未交付有关标的物的单证和资料的，不影响标的物灭失风险的转移

38. B，解析：《民法典》第970条第1款规定，合伙人就合伙事务作出决定的，除合伙合同另有约定外，应当经全体合伙人一致同意。

三、多项选择题

1. ACD，解析：《民法典》第605条规定，因买受人的原因致使标的物未按照约定的期限交付的，买受人应当自违反约定时起承担标的物毁损、灭失的风险。
2. AD，解析：《民法典》第609条规定，出卖人按照约定未交付有关标的物的单证和资料的，不影响标的物毁损、灭失风险的转移。

3. 出卖人交付的标的物不符合质量要求，以下表述正确的是：（　　）

A. 买受人可以合理选择请求出卖人承担修理、重作、更换、退货、减少价款或者报酬等违约责任

B. 出卖人在履行义务或者采取补救措施后，买受人还有其他损失的，出卖人应当赔偿损失

C. 损失赔偿额应当相当于因出卖人违约所造成的损失

D. 损失赔偿额不得超过买受人订立合同时预见到或者应当预见到的因出卖人违约可能造成的损失

4. 当事人对检验期限未作约定，买受人签收的送货单、确认单等载明标的物哪些事项的，推定买受人已经对数量和外观瑕疵进行检验，但是有相关证据足以推翻的除外？（　　）

A. 数量　　B. 售价

C. 型号　　D. 规格

5. 关于出卖人对标的物的回收义务，以下表述正确的是：（　　）

A. 依据是法律、行政法规的规定或者当事人约定

B. 前提是标的物在有效使用年限届满后应予回收

C. 内容是出卖人自行对标的物予以回收

D. 内容是出卖人委托第三人对标的物予以回收

6. 买卖合同中，当事人对支付时间没有约定或者约定不明确，又无法协议补充或按交易习惯确定的，对买受人支付时间的表述错误的是：（　　）

A. 应当在收到标的物的同时支付

B. 应当在收到提取标的物单证的同时支付

C. 可以随时支付，但要给对方必要的准备时间

D. 应当在收到标的物或者提取标的物单证之前支付

3. ABC，解析：《民法典》第617条规定，出卖人交付的标的物不符合质量要求的，买受人可以依据本法第582条至第584条的规定请求承担违约责任。
4. ACD，解析：《民法典》第623条规定，当事人对检验期限未作约定，买受人签收的送货单、确认单等载明标的物数量、型号、规格的，推定买受人已经对数量和外观瑕疵进行检验，但是有相关证据足以推翻的除外。
5. ABCD，解析：《民法典》第625条规定，依照法律、行政法规的规定或者按照当事人的约定，标的物在有效使用年限届满后应予回收的，出卖人负有自行或者委托第三人对标的物予以回收的义务。
6. CD，解析：《民法典》第628条规定，买受人应当按照约定的时间支付价款。对支付时间没有约定或者约定不明确，依据本法第510条的规定仍不能确定的，买受人应当在收到标的物或者提取标的物单证的同时支付。

7. 关于标的物的孳息，下列说法正确的是：(　　)

A. 标的物在交付之前产生的孳息，归出卖人所有

B. 标的物在交付之后产生的孳息，归买受人所有

C. 标的物在交付之后产生的孳息，归出卖人所有

D. 标的物在交付之前产生的孳息，归买受人所有

8. 关于凭样品买卖合同的表述，错误的是：(　　)

A. 当事人可以封存样品

B. 当事人应当对样品质量予以说明

C. 出卖人交付的标的物应当与样品或其说明的质量相同。

D. 出卖人交付的标的物应当与样品及其说明的质量相同

9. 关于试用买卖合同中的试用期限，以下表述正确的是：(　　)

A. 当事人可以约定标的物的试用期限

B. 对试用期限没有约定或者约定不明确，可以由当事人协议补充或者按照交易习惯确定

C. 标的物在试用期内毁损、灭失的风险由买受人承担

D. 对试用期限没有约定或者约定不明确，当事人又无法协议补充或者按照交易习惯确定的，由买受人确定

10. 供电合同履行过程中，供电人因下列哪些等原因，需要中断供电时，应当按照国家有关规定事先通知用电人：(　　)

A. 供电设施计划检修　　B. 临时检修

C. 依法限电　　D. 用电人违法用电

11. 供用电合同履行过程中，用电人逾期不支付电费的，经供电人催告，用电人在合理期限内仍不交付(　　)，供电人可以按照国家规定的程序中止供电。

A. 违约金　　B. 赔偿金

C. 滞纳金　　D. 电费

7. AB，解析：《民法典》第 630 条规定，标的物在交付之前产生的孳息，归出卖人所有；交付之后产生的孳息，归买受人所有。
8. ABC，解析：《民法典》第 635 条规定，凭样品买卖的当事人应当封存样品，并可以对样品质量予以说明。出卖人交付的标的物应当与样品及其说明的质量相同。
9. AB，解析：《民法典》第 637 条规定，试用买卖的当事人可以约定标的物的试用期限。对试用期限没有约定或者约定不明确，依据本法第 510 条的规定仍不能确定的，由出卖人确定。《民法典》第 640 条规定，标的物在试用期内毁损、灭失的风险由出卖人承担。
10. ABCD，解析：《民法典》第 652 条规定，供电人因供电设施计划检修、临时检修、依法限电或者用电人违法用电等原因，需要中断供电时，应当按照国家有关规定事先通知用电人；未事先通知用电人中断供电，造成用电人损失的，应当承担赔偿责任。
11. AD，解析：《民法典》第 654 条第 1 款规定，用电人应当按照国家有关规定和当事人的约定及时支付电费。用电人逾期不支付电费的，应当按照约定支付违约金。经催告用电人在合理期限内仍不支付电费和违约金的，供电人可以按照国家规定的程序中止供电。

12. 关于赠与合同，下列说法正确的是：（ ）

A. 经过公证的赠与合同不得撤销

B. 赠与不得附义务

C. 赠与的财产有瑕疵的，赠与人需向受赠人承担责任

D. 赠与的财产依法需要办理登记或者其他手续的，应当办理有关手续

13. 下列关于赠与合同的约定，说法正确的是：（ ）

A. 赠与不得附义务

B. 赠与人在赠与财产的权利转移之前可以撤销赠与

C. 附义务的赠与，赠与的财产有瑕疵的，赠与人需承担责任

D. 撤销权人撤销赠与的，不得向受赠人请求返还赠与的财产

14. 赠与合同中，有下列哪些情形的，赠与人可以撤销赠与？（ ）

A. 受赠人严重侵害赠与人或者赠与人近亲属的合法权益

B. 赠与人在赠与合同成立后丧失民事行为能力

C. 受赠人对赠与人有扶养义务而不履行

D. 受赠人不履行赠与合同约定的义务

15. 借款合同中，借款人未按照约定的借款用途使用借款的，贷款人可以采取下列哪些措施？（ ）

A. 停止发放借款　　B. 要求借款人提供担保

C. 提前收回借款　　D. 解除合同

16. 关于自然人之间的借款合同，下列说法中正确的是：（ ）

A. 自然人之间的借款合同约定支付利息的，借款的利率不得违反国家有关规定

B. 自然人之间的借款合同对利息约定不明确的，视为没有利息

C. 自然人之间的借款合同，自贷款人提供借款时成立

D. 自然人之间的借款合同，自当事人签订书面合同时成立

12. AD，解析：《民法典》第658条规定，赠与人在赠与财产的权利转移之前可以撤销赠与。经过公证的赠与合同或者依法不得撤销的具有救灾、扶贫、助残等公益、道德义务性质的赠与合同，不适用前款规定。《民法典》第661条第1款规定，赠与可以附义务。《民法典》第662条第1款规定，赠与的财产有瑕疵的，赠与人不承担责任。《民法典》第659条规定，赠与的财产依法需要办理登记或者其他手续的，应当办理有关手续。
13. BC，解析：《民法典》第661条规定，赠与可以附义务。赠与附义务的，受赠人应当按照约定履行义务。《民法典》第658条第1款规定，赠与人在赠与财产的权利转移之前可以撤销赠与。《民法典》第662条第1款规定，赠与的财产有瑕疵的，赠与人不承担责任。附义务的赠与，赠与的财产有瑕疵的，赠与人在附义务的限度内承担与出卖人相同的责任。《民法典》第665条规定，撤销权人撤销赠与的，可以向受赠人请求返还赠与的财产。
14. ACD，解析：《民法典》第663条第1款规定，受赠人有下列情形之一的，赠与人可以撤销赠与：（1）严重侵害赠与人或者赠与人近亲属的合法权益；（2）对赠与人有扶养义务而不履行；（3）不履行赠与合同约定的义务。
15. ACD，解析：《民法典》第673条规定，借款人未按照约定的借款用途使用借款的，贷款人可以停止发放借款、提前收回借款或者解除合同。
16. ABC，解析：《民法典》第680条第1、3款规定，禁止高利放贷，借款的利率不得违反国家有关规定。借款合同对支付利息约定不明确，当事人不能达成补充协议的，按照当地或者当事人的交易方式、交易习惯、市场利率等因素确定利息；自然人之间借款的，视为没有利息。《民法典》第679条规定，自然人之间的借款合同，自贷款人提供借款时成立。

17. 根据《民法典》的规定，国家机关不得为保证人，但(　　)进行转贷的除外。

A. 经省级人民政府批准为使用外国政府贷款

B. 经省级人民政府批准为使用国际经济组织贷款

C. 经国务院批准为使用外国政府贷款

D. 经国务院批准为使用国际经济组织贷款

18. 关于保证合同的形式，下列说法正确的是：(　　)

A. 保证合同只能单独订立的书面合同

B. 保证合同可以是单独订立的书面合同

C. 保证合同不能是主债权债务合同中的保证条款

D. 保证合同可以是主债权债务合同中的保证条款

19. 下列哪些情形中，一般保证的保证人在主合同纠纷未经审判或者仲裁，并就债务人财产依法强制执行仍不能履行债务前，需向债权人承担保证责任？(　　)

A. 债务人下落不明，且无财产可供执行

B. 人民法院已经受理债务人破产案件

C. 债权人有证据证明债务人的财产不足以履行全部债务或者丧失履行债务能力

D. 保证人书面表示放弃其抗辩权

20. 关于租赁合同的期限，下列说法正确的是：(　　)

A. 租赁期限不得超过 20 年

B. 租赁期限超过 20 年的，超过部分无效

C. 租赁期限届满，当事人可以续订租赁合同

D. 续订租赁合同时，约定的租赁期限自续订之日起可以超过 20 年

17. CD，解析：《民法典》第683条规定，机关法人不得为保证人，但是经国务院批准为使用外国政府或者国际经济组织贷款进行转贷的除外。以公益为目的的非营利法人、非法人组织不得为保证人。

18. BD，解析：《民法典》第685条规定，保证合同可以是单独订立的书面合同，也可以是主债权债务合同中的保证条款。第三人单方以书面形式向债权人作出保证，债权人接收且未提出异议的，保证合同成立。

19. ABCD，解析：根据《民法典》第687条第2款规定，一般保证的保证人在主合同纠纷未经审判或者仲裁，并就债务人财产依法强制执行仍不能履行债务前，有权拒绝向债权人承担保证责任，但是有下列情形之一的除外：（1）债务人下落不明，且无财产可供执行；（2）人民法院已经受理债务人破产案件；（3）债权人有证据证明债务人的财产不足以履行全部债务或者丧失履行债务能力；（4）保证人书面表示放弃本款规定的权利。

20. ABC，解析：《民法典》第705条规定，租赁期限不得超过20年。超过20年的，超过部分无效。租赁期限届满，当事人可以续订租赁合同；但是，约定的租赁期限自续订之日起不得超过20年。

21. 租赁合同中，对租赁物的使用方法没有约定或者约定不明确的，应按照以下哪些规则确定？（　　）

A. 由当事人协议补充

B. 不能达成补充协议的，按照合同有关条款、合同性质、合同目的或者交易习惯确定

C. 根据以上方法仍无法确定的，应当根据租赁物的性质使用

D. 根据以上方法仍无法确定的，由承租人自行决定使用方法

22. 关于融资租赁合同的效力，下列说法正确的是：（　　）

A. 当事人以虚构租赁物方式订立的融资租赁合同有效

B. 当事人以虚构租赁物方式订立的融资租赁合同无效

C. 租赁物的经营使用依法应当取得行政许可，出租人未取得的，不影响融资租赁合同的效力

D. 租赁物的经营使用依法应当取得行政许可，出租人未取得的，融资租赁合同无效

23. 保理合同中，当事人约定有追索权保理的，关于保理人采取措施的表述正确的是：（　　）

A. 可以向应收账款债权人主张返还保理融资款本息

B. 应当向应收账款债权人主张返还保理融资款本息

C. 可以向应收账款债权人主张回购应收账款债权

D. 可以向应收账款债务人主张应收账款债权

24. 关于承揽合同中的材料，下列说法错误的是：（　　）

A. 材料不得由定作人提供

B. 材料不得由承揽人提供

C. 承揽人提供材料的，应当接受定作人检验

D. 定作人提供材料的，承揽人对定作人提供的材料应当及时检验

25. 勘察、设计合同的内容一般包括下列哪些条款？（　　）

A. 验收标准和方法　　B. 质量要求

C. 费用　　D. 提交相关文件的期限

21. ABC，解析：《民法典》第709条规定，承租人应当按照约定的方法使用租赁物。对租赁物的使用方法没有约定或者约定不明确，依据本法第510条的规定仍不能确定的，应当根据租赁物的性质使用。《民法典》第510条规定，合同生效后，当事人就质量、价款或者报酬、履行地点等内容没有约定或者约定不明确的，可以协议补充；不能达成补充协议的，按照合同有关条款、合同性质、合同目的或者交易习惯确定。
22. BC，解析：《民法典》第737条规定，当事人以虚构租赁物方式订立的融资租赁合同无效。《民法典》第738条规定，依照法律、行政法规的规定，对于租赁物的经营使用应当取得行政许可的，出租人未取得行政许可不影响融资租赁合同的效力。
23. ACD，解析：《民法典》第766条规定，当事人约定有追索权保理的，保理人可以向应收账款债权人主张返还保理融资款本息或者回购应收账款债权，也可以向应收账款债务人主张应收账款债权。保理人向应收账款债务人主张应收账款债权，在扣除保理融资款本息和相关费用后有剩余的，剩余部分应当返还给应收账款债权人。
24. CD，解析：《民法典》第774条规定，承揽人提供材料的，应当按照约定选用材料，并接受定作人检验。《民法典》第775条规定，定作人提供材料的，应当按照约定提供材料。承揽人对定作人提供的材料应当及时检验，发现不符合约定时，应当及时通知定作人更换、补齐或者采取其他补救措施。承揽人不得擅自更换定作人提供的材料，不得更换不需要修理的零部件。
25. BCD，解析：《民法典》第794条规定，勘察、设计合同的内容一般包括提交有关基础资料和概预算等文件的期限、质量要求、费用以及其他协作条件等条款。

26. 关于建设工程中的隐蔽工程，下列说法正确的是：(　　)

A. 隐蔽工程在隐蔽以前，承包人应当通知发包人检查

B. 发包人没有及时检查的，承包人应当及时开展后续施工

C. 发包人没有及时检查的，承包人可以顺延工程日期

D. 发包人没有及时检查的，承包人有权请求赔偿停工、窝工等损失

27. 客运合同中，承运人延迟运输时，下列哪些做法是正确的？(　　)

A. 告知和提醒旅客

B. 根据旅客的要求安排改乘其他班次

C. 根据旅客的要求退票

D. 对可归责于自己的损失承担赔偿责任

28. 承运合同中，承运人擅自降低服务标准的，旅客可以请求(　　)。

A. 退票　　B. 改变目的地

C. 减收票款　　D. 返回出发地

29. 关于多式联运合同中多式联运经营人的权利义务，下列哪些说法是正确的？(　　)

A. 多式联运经营人负责履行多式联运合同

B. 多式联运经营人对全程运输享有承运人的权利

C. 多式联运经营人对全程运输承担承运人的义务

D. 多式联运经营人负责组织履行多式联运合同

30. 在技术开发合同中，关于合作开发合同中当事人的义务和违约责任，下列哪些说法是正确的？(　　)

A. 合作开发合同的当事人应当按照约定进行投资，包括以技术进行投资

B. 合作开发合同的当事人应当协作配合研究开发工作

C. 合作开发合同的当事人违反约定造成研究开发工作停滞的，应当承担违约责任

D. 合作开发合同的当事人应当分工参与研究开发工作

26. ACD，解析：《民法典》第798条规定，隐蔽工程在隐蔽以前，承包人应当通知发包人检查。发包人没有及时检查的，承包人可以顺延工程日期，并有权请求赔偿停工、窝工等损失。

27. ABCD，解析：《民法典》第820条规定，承运人应当按照有效客票记载的时间、班次和座位号运输旅客。承运人迟延运输的，应当履行告知和提醒义务，并根据旅客的要求安排改乘其他班次或者退票；由此造成旅客损失的，承运人应当承担赔偿责任，但是不可归责于承运人的除外。

28. AC，解析：《民法典》第821条规定，承运人擅自降低服务标准的，应当根据旅客的请求退票或者减收票款；提高服务标准的，不得加收票款。

29. ABCD，解析：《民法典》第838条规定，多式联运经营人负责履行或者组织履行多式联运合同，对全程运输享有承运人的权利，承担承运人的义务。

30. ABCD，解析：《民法典》第855条规定，合作开发合同的当事人应当按照约定进行投资，包括以技术进行投资，分工参与研究开发工作，协作配合研究开发工作。《民法典》第856条规定，合作开发合同的当事人违反约定造成研究开发工作停滞、延误或者失败的，应当承担违约责任。

31. 仓储合同中的仓单载明的事项包括：（　　）

A. 存货人的姓名或者名称和住所

B. 仓储物的品种、数量、质量、包装及其件数和标记

C. 填发人、填发地和填发日期

D. 仓储物的损耗标准

32. 合伙期限届满，原合伙合同继续有效的条件包括：（　　）

A. 合伙人继续执行合伙事务

B. 其他合伙人没有提出异议

C. 合伙人一致同意

D. 执行事务合伙人没有提出异议

33. 关于合伙合同终止，以下表述正确的是：（　　）

A. 合伙人死亡、丧失民事行为能力或者终止的，合伙合同终止

B. 合伙人死亡，但根据合伙事务性质不宜终止的，可以不终止

C. 合伙人丧失民事行为能力，但合伙合同另有约定的，仍然终止

D. 合伙人终止，但根据合伙事务性质不宜终止的，可以不终止

四、填空题

1. 当事人没有约定交付地点或者约定不明确，依据法律规定标的物需要运输的，出卖人将标的物交付给第一承运人后，标的物毁损、灭失的风险由____承担。

2. 出卖人按照约定将标的物置于交付地点，买受人违反约定没有收取的，标的物毁损、灭失的风险自违反约定时起由____承担。

3. 因标的物不符合质量要求，致使不能实现合同目的的，____可以拒绝接受标的物或者解除合同。____拒绝接受标的物或者解除合同的，标的物毁损、灭失的风险由____承担。

4. 出卖人就交付的标的物，负有保证____对该标的物不享有任何权利的义务，但是法律另有规定的除外。

31. ABCD，解析：《民法典》第909条规定，保管人应当在仓单上签名或者盖章。仓单包括下列事项：（1）存货人的姓名或者名称和住所；（2）仓储物的品种、数量、质量、包装及其件数和标记；（3）仓储物的损耗标准；（4）储存场所；（5）储存期限；（6）仓储费；（7）仓储物已经办理保险的，其保险金额、期间以及保险人的名称；（8）填发人、填发地和填发日期。

32. AB，解析：《民法典》第976条第2款规定，合伙期限届满，合伙人继续执行合伙事务，其他合伙人没有提出异议的，原合伙合同继续有效，但是合伙期限为不定期。

33. ABD，解析：《民法典》第977条规定，合伙人死亡、丧失民事行为能力或者终止的，合伙合同终止；但是，合伙合同另有约定或者根据合伙事务的性质不宜终止的除外。

四、填空题

1. 买受人（《民法典》第607条第2款）
2. 买受人。（《民法典》第608）
3. 买受人；买受人；出卖人。（《民法典》第610条）
4. 第三人。（《民法典》第612条）

5. ____提供有关标的物质量说明的，交付的标的物应当符合该说明的____。
6. 出卖人应当按照____的包装方式交付标的物。对包装方式没有约定或者约定不明确，依据《民法典》关于合同履行的规定仍不能确定的，应当按照____的方式包装；没有通用方式的，应当采取____的包装方式。
7. 当事人约定____的，买受人应当在____内将标的物的数量或者质量不符合约定的情形通知出卖人。
8. 当事人对检验期限未作约定，买受人签收的____、____等载明标的物数量、型号、规格的，推定买受人已经对数量和外观瑕疵进行检验，但是有相关证据足以推翻的除外。
9. 依照法律、行政法规的规定或者按照当事人的约定，标的物在有效使用年限____后应予回收的，出卖人负有自行或者委托第三人对标的物予以回收的义务。
10. 出卖人多交标的物的，买受人可以____或者____多交的部分。
11. 标的物在交付之前产生的孳息，归____所有；交付之后产生的孳息，归____所有。但是，当事人另有约定的除外。
12. 因标的物的主物不符合约定而解除合同的，解除合同的效力____从物。因标的物的从物不符合约定被解除的，解除的效力____主物。
13. 出卖人分批交付标的物的，出卖人对其中一批标的物不交付或者交付不符合约定，致使该批标的物不能实现合同目的的，买受人可以就____解除。
14. 分期付款的买受人未支付到期价款的数额达到全部价款的五分之一，经催告后在合理期限内仍未支付到期价款，出卖人解除合同的，可以向买受人请求支付该标的物的____。
15. 凭样品买卖的当事人应当封存样品，并可以对样品质量予以说明。出卖人交付的标的物应当与样品及其说明的质量____。

5. 出卖人；质量要求。(《民法典》第615条)
6. 约定；通用；足以保护标的物且有利于节约资源、保护生态环境。(《民法典》第619条)
7. 检验期限；检验期限。(《民法典》第621条第1款)
8. 送货单；确认单。(《民法典》第623条)
9. 届满。(《民法典》第625条)
10. 接收；拒绝接收。(《民法典》第629条)
11. 出卖人；买受人。(《民法典》第630条)
12. 及于；不及于。(《民法典》第631条)
13. 该批标的物。(《民法典》第633条第1款)
14. 使用费。(《民法典》第634条)
15. 相同。(《民法典》第635条)

16. 供电人应当按照国家规定的供电质量标准和约定____。供电人未按照国家规定的供电质量标准和约定安全供电，造成用电人损失的，应当承担____。
17. 借款合同中，借款人未按照约定的借款用途使用借款的，贷款人可以____、____或者解除合同。
18. 保证合同的内容一般包括被保证的主债权的____、数额，债务人履行债务的____，保证的方式、____和期间等条款。
19. 融资租赁合同中，承租人对出卖人行使索赔权利，不影响其履行____的义务。但是，承租人依赖出租人的技能确定租赁物或者出租人____租赁物的，承租人可以请求____相应租金。
20. 根据《民法典》的规定，融资租赁合同中，出租人根据承租人对出卖人、租赁物的选择订立的买卖合同，未经____同意，出租人不得____与承租人有关的合同内容。
21. 建设工程合同中，勘察、设计合同的内容一般包括提交有关基础资料和____等文件的期限、质量要求、____以及其他协作条件等条款。
22. 建设工程实行监理的，发包人应当与监理人采用____订立委托监理合同。发包人与监理人的权利和义务以及法律责任，应当依照《民法典》合同编____合同以及其他有关法律、行政法规的规定。
23. 非职务技术成果的____、____属于完成技术成果的个人，完成技术成果的个人可以就该项非职务技术成果订立____。

五、简答题

1. 简述所有权保留合同中，出卖人有权取回标的物的情形。
2. 简述赠与合同中赠与人可以撤销赠与的情形及撤销权的行使期间。
3. 简述租赁合同中非因承租人构成根本性违约时，承租人可以解除合同的情形。
4. 简述物业服务合同的定义、内容和形式。

16. 安全供电；赔偿责任。(《民法典》第 651 条)
17. 停止发放借款；提前收回借款。(《民法典》第 673 条)
18. 种类；期限；范围。(《民法典》第 684 条)
19. 支付租金；干预选择；减免。(《民法典》第 742 条)
20. 承租人；变更。(《民法典》第 744 条)
21. 概预算；费用。(《民法典》第 794 条)
22. 书面形式；委托。(《民法典》第 796 条)
23. 使用权；转让权；技术合同。(《民法典》第 848 条)

五、简答题

1. 答：《民法典》第 642 条规定，当事人约定出卖人保留合同标的物的所有权，在标的物所有权转移前，买受人有下列情形之一，造成出卖人损害的，除当事人另有约定外，出卖人有权取回标的物：（1）未按照约定支付价款，经催告后在合理期限内仍未支付。（2）未按照约定完成特定条件。（3）将标的物出卖、出质或者作出其他不当处分。出卖人可以与买受人协商取回标的物；协商不成的，可以参照适用担保物权的实现程序。
2. 答：《民法典》第 663 条规定，受赠人有下列情形之一的，赠与人可以撤销赠与：（1）严重侵害赠与人或者赠与人近亲属的合法权益。（2）对赠与人有扶养义务而不履行。（3）不履行赠与合同约定的义务。赠与人的撤销权，自知道或者应当知道撤销事由之日起 1 年内行使。
3. 答：《民法典》第 724 条规定，有下列情形之一，非因承租人原因致使租赁物无法使用的，承租人可以解除合同：（1）租赁物被司法机关或者行政机关依法查封、扣押。（2）租赁物权属有争议。（3）租赁物具有违反法律、行政法规关于使用条件的强制性规定情形。
4. 答：（1）根据《民法典》第 937 条，物业服务合同，是指物业服务人在物业服务区域内，为业主提供建筑物及其附属设施的维修养护、环境卫生和相关秩序的管理维护等物业服务，业主支付物业费的合同。
（2）根据《民法典》第 938 条，物业服务合同的内容一般包括服务事项、服务质量、服务费用的标准和收取办法、维修资金的使用、服务用房的管理和使用、服务期限、服务交接等条款。物业服务人公开作出的有利于业主的服务承诺，为物业服务合同的组成部分。
（3）根据《民法典》第 938 条，物业服务合同应当采用书面形式。

第七讲　准合同

一、判断题

1. 管理人管理事务不属于无因管理，但是受益人享有管理利益的，受益人仍然应当向管理人偿还因管理事务而支出的必要费用。(　　)
2. 管理人管理他人事务时，能够通知受益人的，应当及时通知受益人。对于管理的事务的处理，应当等待受益人的指示。(　　)
3. 管理人管理事务经受益人事后追认的，从管理事务开始时起，适用委托合同的有关规定，但是管理人另有意思表示的除外。(　　)
4. 得利人不知道取得的利益没有法律根据，取得的利益已经不存在的，不承担返还该利益的义务。(　　)
5. 得利人已经将取得的利益无偿转让给第三人的，受损失的人可以请求第三人在相应范围内承担返还义务。(　　)

二、单项选择题

1. 无因管理中，关于管理人的义务，下列哪项说法是错误的？(　　)

   A. 管理人管理他人事务，应当采取有利于受益人的方法

   B. 管理人管理他人事务时，能够通知受益人的，应当及时通知受益人

   C. 管理结束后，管理人应当向受益人报告管理事务的情况

   D. 管理人管理事务后，不得中断管理

2. 管理人管理事务经受益人事后追认的，从管理事务开始时起，适用(　　)的有关规定，但是管理人另有意思表示的除外。

   A. 中介合同　　B. 行纪合同

   C. 委托合同　　D. 保管合同

参考答案

一、判断题

1. ×，解析：《民法典》第980条规定，管理人管理事务不属于前条规定的情形，但是受益人享有管理利益的，受益人应当在其获得的利益范围内向管理人承担第979条第1款规定的义务。
2. ×，解析：《民法典》第982条规定，管理人管理他人事务时，能够通知受益人的，应当及时通知受益人。管理的事务不需要紧急处理的，应当等待受益人的指示。
3. √，解析：《民法典》第984条。
4. ×，解析：《民法典》第986条规定，得利人不知道且不应当知道取得的利益没有法律根据，取得的利益已经不存在的，不承担返还该利益的义务。
5. √，解析：《民法典》第988条。

二、单项选择题

1. D，解析：《民法典》第981条规定，管理人管理他人事务，应当采取有利于受益人的方法。中断管理对受益人更为不利的，无正当理由不得中断。《民法典》第982条规定，管理人管理他人事务时，能够通知受益人的，应当及时通知受益人。管理的事务不需要紧急处理的，应当等待受益人的指示。《民法典》第983条规定，管理结束后，管理人应当向受益人报告管理事务的情况。管理人管理事务取得的财产，应当及时转交给受益人。
2. C，解析：《民法典》第984条规定，管理人管理事务经受益人事后追认的，从管理事务开始时起，适用委托合同的有关规定，但是管理人另有意思表示的除外。

3. 得利人(　　)获得的利益没有法律根据，获得的利益已经不存在的，不承担返还该利益的义务。

A. 不知道或不应当知道　　B. 不应当知道

C. 不知道　　D. 不知道且不应当知道

4. 得利人(　　)获得的利益没有法律根据的，受损失的人可以请求得利人返还其获得的利益并依法赔偿损失。

A. 知道或者应当知道　　B. 知道且应当知道

C. 不知道且不应当知道　　D. 不知道或者不应当知道

三、多项选择题

1. 管理人管理事务不属于无因管理，但是受益人享有管理利益时，下列哪些说法是正确的？(　　)

A. 管理人可以请求受益人偿还因管理事务而支出的必要费用

B. 受益人不需要向管理人承担义务

C. 管理人因管理事务受到损失的，可以请求受益人给予适当补偿

D. 必要费用和损失补偿需要在受益人获得的利益范围内

2. 无因管理中，关于管理人的义务，下列哪些说法是正确的？(　　)

A. 管理人管理的事务不需要紧急处理的，应当等待受益人的指示

B. 管理人管理事务取得的财产，应当及时转交给受益人

C. 管理人中断管理对受益人更为不利的，无正当理由不得中断

D. 管理结束后，管理人应当向受益人报告管理事务的情况

3. 对于不当得利，受损失的人不可以请求得利人返还取得的利益的情形包括：(　　)

A. 为履行道德义务进行的给付

B. 为履行法定义务进行的给付

C. 债务到期之前的清偿

D. 明知无给付义务而进行的债务清偿

3. D，解析：《民法典》第986条规定，得利人不知道且不应当知道取得的利益没有法律根据，取得的利益已经不存在的，不承担返还该利益的义务。

4. A，解析：《民法典》第987条规定，得利人知道或者应当知道取得的利益没有法律根据的，受损失的人可以请求得利人返还其取得的利益并依法赔偿损失。

三、多项选择题

1. ACD，解析：《民法典》第980条规定，管理人管理事务不属于前条规定的情形，但是受益人享有管理利益的，受益人应当在其获得的利益范围内向管理人承担第979条第1款规定的义务。《民法典》第979条第1款规定，管理人没有法定的或者约定的义务，为避免他人利益受损失而管理他人事务，并且符合受益人真实意思的，可以请求受益人偿还因管理事务而支出的必要费用；管理人因管理事务受到损失的，可以请求受益人给予适当补偿。

2. ABCD，解析：《民法典》第982条规定，管理人管理他人事务时，能够通知受益人的，应当及时通知受益人。管理的事务不需要紧急处理的，应当等待受益人的指示。《民法典》第983条，管理结束后，管理人应当向受益人报告管理事务的情况。管理人管理事务取得的财产，应当及时转交给受益人。《民法典》第981条规定，管理人管理他人事务，应当采取有利于受益人的方法。中断管理对受益人更为不利的，无正当理由不得中断。

3. ACD，解析：《民法典》第985条规定，得利人没有法律根据取得不当利益的，受损失的人可以请求得利人返还取得的利益，但是有下列情形之一的除外：（1）为履行道德义务进行的给付；（2）债务到期之前的清偿；（3）明知无给付义务而进行的债务清偿。

四、填空题

1. 管理人没有法定的或者约定的义务，为避免他人利益受损失而管理他人事务，并且符合受益人真实意思的，可以请求受益人偿还因管理事务而支出的____；管理人因管理事务受到损失的，可以请求受益人给予____。
2. 管理人管理他人事务，应当采取有利于受益人的方法。中断管理对受益人更为不利的，无正当理由不得____。
3. 管理人管理事务经受益人事后____的，从管理事务开始时起，适用____的有关规定，但是管理人另有意思表示的除外。
4. ____是指得利人没有法律根据取得不当利益的，受损失的人可以请求得利人返还取得的利益的情形。
5. 得利人____取得的利益没有法律根据的，受损失的人可以请求得利人返还其取得的利益并依法____。

四、填空题

1. 必要费用；适当补偿。（《民法典》第979条第1款）
2. 中断。（《民法典》第981条）
3. 追认；委托合同。（《民法典》第984条）
4. 不当得利。（《民法典》第985条）
5. 知道或者应当知道；赔偿损失。（《民法典》第987条）

专题九

侵权责任

第一讲　侵权责任的基本规则

一、判断题

1. 行为人因过错侵害他人民事权益造成损害的，应当承担侵权责任。(　　)
2. 行为人造成他人民事权益损害，不论行为人有无过错，法律规定应当承担侵权责任的，依照其规定。(　　)
3. 二人以上共同实施侵权行为，造成他人损害的，应当承担按份责任。(　　)
4. 二人以上实施危及他人人身、财产安全的行为，其中一人或者数人的行为造成他人损害，能够确定具体侵权人的，由侵权人承担侵权责任。(　　)
5. 二人以上实施侵权行为造成同一损害，平均承担责任。(　　)

二、单项选择题

1. 关于无过错侵权的责任承担，下列哪一说法是正确的？(　　)
   A. 行为人造成他人民事权益损害，不论行为人有无过错，法律规定应当承担侵权责任的，依照其规定
   B. 行为人造成他人民事权益损害，只有行为人有过错的，才需要承担侵权责任
   C. 行为人造成他人民事权益损害，根据过错程度，承担与过错相应的侵权责任
   D. 行为人造成他人民事权益损害，只要行为人无过错，就不应当承担侵权责任

参考答案

一、判断题

1. √，解析：《民法典》第1165条第1款规定，行为人因过错侵害他人民事权益造成损害的，应当承担侵权责任。
2. √，解析：《民法典》第1166条规定，行为人造成他人民事权益损害，不论行为人有无过错，法律规定应当承担侵权责任的，依照其规定。
3. ×，解析：《民法典》第1168条规定，二人以上共同实施侵权行为，造成他人损害的，应当承担连带责任。
4. √，解析：《民法典》第1170条规定，二人以上实施危及他人人身、财产安全的行为，其中一人或者数人的行为造成他人损害，能够确定具体侵权人的，由侵权人承担责任；不能确定具体侵权人的，行为人承担连带责任。
5. ×，解析：《民法典》第1172条规定，二人以上分别实施侵权行为造成同一损害，能够确定责任大小的，各自承担相应的责任；难以确定责任大小的，平均承担责任。

二、单项选择题

1. A，解析：《民法典》第1166条规定，行为人造成他人民事权益损害，不论行为人有无过错，法律规定应当承担侵权责任的，依照其规定。

2. 关于共同侵权行为构成要件及责任承担，以下表述错误的是：(　　)

A. 二人以上共同实施

B. 侵权行为造成他人损害

C. 行为人应当承担连带责任

D. 行为人应当根据在共同行为中的地位和作用分别承担相应的责任

3. 关于共同危险行为人的侵权责任构成要件及责任承担，以下表述错误的是：(　　)

A. 二人以上实施危及他人人身、财产安全的行为

B. 其中一人或者数人的行为造成了他人损害

C. 能够确定具体侵权人的，由侵权人承担责任

D. 不能确定具体侵权人的，行为人平均承担责任

4. 下列关于数人侵权的说法，哪一项是错误的？(　　)

A. 二人以上实施危及他人人身、财产安全的行为，其中一人或者数人的行为造成他人损害，能够确定具体侵权人的，由侵权人承担责任

B. 二人以上分别实施侵权行为造成同一损害，每个人的侵权行为都足以造成全部损害的，行为人承担连带责任

C. 二人以上分别实施侵权行为造成同一损害，能够确定责任大小的，各自承担相应的责任

D. 二人以上分别实施侵权行为造成同一损害，难以确定责任大小的，承担连带责任

5. 下列哪一情形下，行为人不承担侵权责任？(　　)

A. 损害是因受害人过失造成

B. 损害是因受害人重大过失造成

C. 损害是因受害人故意造成

D. 行为人对损害的发生不存在主观上的故意

2. D，解析：《民法典》第 1168 条规定，二人以上共同实施侵权行为，造成他人损害的，应当承担连带责任。
3. D，解析：《民法典》第 1170 条规定，二人以上实施危及他人人身、财产安全的行为，其中一人或者数人的行为造成他人损害，能够确定具体侵权人的，由侵权人承担责任；不能确定具体侵权人的，行为人承担连带责任。
4. D，解析：《民法典》第 1170 条规定，第 1171 条规定，二人以上分别实施侵权行为造成同一损害，每个人的侵权行为都足以造成全部损害的，行为人承担连带责任。第 1172 条规定，二人以上分别实施侵权行为造成同一损害，能够确定责任大小的，各自承担相应的责任；难以确定责任大小的，平均承担责任。
5. C，解析：《民法典》第 1174 条规定，损害是因受害人故意造成的，行为人不承担责任。

6. 自愿参加具有一定风险的文体活动，因其他参加者的行为受到损害的，下列哪一情形下，受害人可以请求其他参加者承担侵权责任？（　　）

A. 受害人已经尽了足够的注意义务

B. 其他参加者对损害的发生有过失

C. 其他参加者对损害的发生有故意或者重大过失

D. 受害人对损害的发生没有过错

7. 下列关于侵权责任承担的说法，哪一选项是错误的？（　　）

A. 被侵权人死亡的，其近亲属有权请求侵权人承担侵权责任

B. 被侵权人死亡的，其法定继承人有权请求侵权人承担侵权责任

C. 被侵权人为组织，该组织分立的，承继权利的组织有权请求侵权人承担侵权责任

D. 被侵权人为组织，该组织合并的，承继权利的组织有权请求侵权人承担侵权责任

8. 侵害他人财产的，被侵权人的财产损失应当如何计算？（　　）

A. 按照索赔时的政府定价计算

B. 根据损失发生时的政府定价计算

C. 按照索赔时的市场价格计算

D. 按照损失发生时的市场价格计算

三、多项选择题

1. 关于过错侵权责任，下列哪些说法是错误的？（　　）

A. 因过错侵害他人民事权益造成损害的，行为人应当承担侵权责任

B. 法律推定行为人有过错，行为人不能证明是他人有过错的，可以不承担侵权责任

C. 法律推定行为人有过错，无论行为人能不能证明自己没有过错，都应当承担侵权责任

D. 因过错造成他人民事权益损害的，如果不是故意的，就无需承担侵权责任

6. C，解析：《民法典》第1176条第1款规定，自愿参加具有一定风险的文体活动，因其他参加者的行为受到损害的，受害人不得请求其他参加者承担侵权责任；但是，其他参加者对损害的发生有故意或者重大过失的除外。

7. B，解析：《民法典》第1181条规定，被侵权人死亡的，其近亲属有权请求侵权人承担侵权责任。被侵权人为组织，该组织分立、合并的，承继权利的组织有权请求侵权人承担侵权责任。被侵权人死亡的，支付被侵权人医疗费、丧葬费等合理费用的人有权请求侵权人赔偿费用，但是侵权人已经支付该费用的除外。

8. D，解析：《民法典》第1184条规定，侵害他人财产的，财产损失按照损失发生时的市场价格或者其他合理方式计算。

三、多项选择题

1. BCD，解析：《民法典》第1165条规定，行为人因过错侵害他人民事权益造成损害的，应当承担侵权责任。依照法律规定推定行为人有过错，其不能证明自己没有过错的，应当承担侵权责任。

2. 侵权行为危及他人人身、财产安全的，被侵权人有权请求侵权人承担哪些侵权责任？（　　）

A. 停止侵害　　B. 排除妨碍

C. 消除影响　　D. 恢复原状

3. 关于教唆、帮助侵权，下列哪些说法是正确的？（　　）

A. 教唆、帮助他人实施侵权行为的，应当与行为人承担连带责任

B. 教唆、帮助他人实施侵权行为的，应当与行为人承担按份责任

C. 教唆、帮助无民事行为能力人、限制民事行为能力人实施侵权行为的，应当承担侵权责任

D. 无民事行为能力人、限制民事行为能力人实施侵权行为的，其监护人应当承担相应的责任

4. 二人以上分别实施侵权行为造成同一损害，下列关于侵权责任承担的说法正确的是：（　　）

A. 每个人的侵权行为都足以造成全部损害的，行为人之间平均承担责任

B. 每个人的侵权行为都足以造成全部损害的，行为人承担连带责任

C. 能够确定责任大小的，各自承担相应的责任

D. 难以确定责任大小的，平均承担责任

5. 下列哪些情形下，不可以减轻侵权人的责任？（　　）

A. 被侵权人也给侵权人造成了一定损害

B. 被侵权人对同一损害的发生或者扩大有过错

C. 侵权人主观上不存在故意

D. 侵权人是受他人教唆实施侵权

6. 下列不属于行为人不承担侵权责任的情形：（　　）

A. 损害是因受害人故意造成的

B. 损害是因受害人的重大过失造成的

C. 被侵权人对同一损害的发生有过错的

D. 行为人主观上不存在故意

2. ABC，解析：《民法典》第1167条规定，侵权行为危及他人人身、财产安全的，被侵权人有权请求侵权人承担停止侵害、排除妨碍、消除危险等侵权责任。

3. AC，解析：《民法典》第1169条规定，教唆、帮助他人实施侵权行为的，应当与行为人承担连带责任。教唆、帮助无民事行为能力人、限制民事行为能力人实施侵权行为的，应当承担侵权责任；该无民事行为能力人、限制民事行为能力人的监护人未尽到监护职责的，应当承担相应的责任。

4. BCD，解析：《民法典》第1171条规定，二人以上分别实施侵权行为造成同一损害，每个人的侵权行为都足以造成全部损害的，行为人承担连带责任。第1172条规定，二人以上分别实施侵权行为造成同一损害，能够确定责任大小的，各自承担相应的责任；难以确定责任大小的，平均承担责任。

5. ACD，解析：《民法典》第1173条规定，被侵权人对同一损害的发生或者扩大有过错的，可以减轻侵权人的责任。

6. BCD，解析：《民法典》第1173条规定，被侵权人对同一损害的发生或者扩大有过错的，可以减轻侵权人的责任。第1174条规定，损害是因受害人故意造成的，行为人不承担责任。

7. 关于实施自助行为的前提条件，表述正确的是：（　　）

A. 合法权益受到损害，情况紧迫且不能及时获得国家机关保护

B. 不立即采取措施将使其合法权益受到难以弥补的损害

C. 受害人可以在保护自己合法权益的必要范围内采取合理措施

D. 应当立即请求有关国家机关处理

四、填空题

1.《民法典》侵权责任编调整因____产生的民事关系。

2. 行为人造成他人民事权益损害，____行为人有无过错，法律规定应当承担侵权责任的，____。

3. 二人以上____实施侵权行为，造成他人损害的，应当承担____责任。

4. 二人以上实施危及他人人身、财产安全的行为，其中一人或者数人的行为造成他人损害，____具体侵权人的，由____承担责任；____具体侵权人的，行为人承担____责任。

5. 二人以上____实施侵权行为造成____损害，能够确定责任大小的，各自承担____的责任；难以确定责任大小的，____承担责任。

6. 损害是因____造成的，行为人不承担责任。

7. ____参加具有一定风险的文体活动，因其他参加者的行为受到损害的，受害人____其他参加者承担侵权责任；但是，其他参加者对损害的发生有____或者____的除外。

五、简答题

简述《民法典》关于过错责任原则、无过错责任原则、公平责任原则的规定。

7. ABCD，解析：《民法典》第1177条规定，合法权益受到侵害，情况紧迫且不能及时获得国家机关保护，不立即采取措施将使其合法权益受到难以弥补的损害的，受害人可以在保护自己合法权益的必要范围内采取扣留侵权人的财物等合理措施；但是，应当立即请求有关国家机关处理。受害人采取的措施不当造成他人损害的，应当承担侵权责任。

四、填空题

1. 侵害民事权益。(《民法典》第1164条)
2. 不论；依照其规定。(《民法典》第1166条)
3. 共同；连带。(《民法典》第1168条)
4. 能够确定；侵权人；不能确定；连带。(《民法典》第1170条)
5. 分别；同一；相应；平均。(《民法典》第1172条)
6. 受害人故意。(《民法典》第1174条)
7. 自愿；不得请求；故意；重大过失。(《民法典》第1176条)

五、简答题

答：过错责任原则：根据《民法典》第1165条的规定，行为人因过错侵害他人民事权益造成损害的，应当承担侵权责任。依照法律规定推定行为人有过错，其不能证明自己没有过错的，应当承担侵权责任。

无过错责任原则：根据《民法典》第1166条的规定，行为人造成他人民事权益损害，不论行为人有无过错，法律规定应当承担侵权责任的，依照其规定。

公平责任原则：根据《民法典》第1186条的规定，受害人和行为人对损害的发生都没有过错的，依照法律的规定由双方分担损失。

第二讲 特殊侵权责任

一、判断题

1. 因产品存在缺陷造成他人损害的，生产者应当承担侵权责任。( )
2. 因仓储者保管不当导致产品存在缺陷，造成他人损害的，产品的生产者、销售者赔偿后，有权向仓储者追偿。( )
3. 机动车转让并交付，但未办理登记，发生交通事故造成损害的，属于该机动车一方责任的，由受让人承担赔偿责任。( )
4. 未经允许驾驶他人机动车，发生交通事故造成损害，属于该机动车一方责任的，由机动车使用人承担赔偿责任。( )
5. 民用航空器造成他人损害是因受害人故意造成的，民用航空器的经营者不承担责任。( )
6. 从事高空、高压、地下挖掘活动或者使用高速轨道运输工具造成他人损害的，行为人应当承担侵权责任。( )
7. 非法占有高度危险物造成他人损害的，由非法占有人承担侵权责任。( )
8. 因第三人的原因，建筑物倒塌造成他人损害的，由第三人承担侵权责任。( )
9. 禁止从建筑物中抛掷物品。( )

参考答案

一、判断题

1. √，解析：《民法典》第 1202 条规定。
2. √，解析：《民法典》第 1204 条规定。
3. √，解析：《民法典》第 1210 条规定。
4. √，解析：《民法典》第 1212 条规定。
5. √，解析：《民法典》第 1238 条规定。
6. ×，解析：《民法典》第 1240 条规定，从事高空、高压、地下挖掘活动或者使用高速轨道运输工具造成他人损害的，经营者应当承担侵权责任；但是，能够证明损害是因受害人故意或者不可抗力造成的，不承担责任。被侵权人对损害的发生有重大过失的，可以减轻经营者的责任。
7. √，解析：《民法典》第 1242 条规定。
8. √，解析：《民法典》第 1252 条第 2 款规定。
9. √，解析：《民法典》第 1254 条规定。

二、单项选择题

1. 关于产品缺陷侵权责任的承担，下列哪一说法是错误的？（　　）

A. 产品缺陷由生产者造成的，销售者赔偿后，有权向生产者追偿

B. 因销售者的过错使产品存在缺陷的，生产者赔偿后，有权向销售者追偿

C. 因运输者、仓储者第三人的过错使产品存在缺陷，造成他人损害的，产品的生产者、销售者赔偿后，有权向第三人追偿

D. 无论产品存在缺陷是谁造成的，被侵权人都只能要求销售者承担侵权责任

2. 下列关于缺陷产品的召回的说法，哪一选项是错误的？（　　）

A. 产品投入流通后发现存在缺陷的，生产者、销售者应当及时采取停止销售、警示、召回等补救措施

B. 生产者、销售者未及时采取补救措施造成损害扩大的，对扩大的损害也应当承担侵权责任

C. 生产者、销售者采取补救措施不力造成损害扩大的，对扩大的损害也应当承担侵权责任

D. 生产者、销售者采取召回措施的，还应当负担被侵权人因此实际支出的实费用

3. 患者在诊疗活动中受到损害，下列哪一情形下，不能推定医疗机构有过错？（　　）

A. 医疗机构违反法律、行政法规、规章以及其他有关诊疗规范的规定

B. 医疗机构隐匿或者拒绝提供与纠纷有关的病历资料

C. 医疗机构遗失病历资料

D. 医疗机构销毁病历资料

二、单项选择题

1. D，解析：《民法典》第1203条规定，因产品存在缺陷造成他人损害的，被侵权人可以向产品的生产者请求赔偿，也可以向产品的销售者请求赔偿。产品缺陷由生产者造成的，销售者赔偿后，有权向生产者追偿。因销售者的过错使产品存在缺陷的，生产者赔偿后，有权向销售者追偿。第1204条规定，因运输者、仓储者等第三人的过错使产品存在缺陷，造成他人损害的，产品的生产者、销售者赔偿后，有权向第三人追偿。
2. D，解析：《民法典》第1206条第1款规定，产品投入流通后发现存在缺陷的，生产者、销售者应当及时采取停止销售、警示、召回等补救措施；未及时采取补救措施或者补救措施不力造成损害扩大的，对扩大的损害也应当承担侵权责任。
3. D，解析：《民法典》第1222条规定，患者在诊疗活动中受到损害，有下列情形之一的，推定医疗机构有过错：（1）违反法律、行政法规、规章以及其他有关诊疗规范的规定；（2）隐匿或者拒绝提供与纠纷有关的病历资料；（3）遗失、伪造、篡改或者违法销毁病历资料。

4. 患者在诊疗活动中受到损害的，下列哪一情形下，医疗机构不承担赔偿责任？（　　）

A. 患者不配合医疗机构进行诊疗

B. 医务人员在抢救生命垂危的患者等紧急情况下已经尽到合理诊疗义务

C. 患者近亲属不配合医疗机构进行诊疗

D. 患者所在医疗机构的水平难以诊疗

5. 在污染环境和破坏生态责任中，下列哪一情形下，被侵权人有权请求相应的惩罚性赔偿？（　　）

A. 侵权人因重大过失污染环境、破坏生态

B. 侵权人违反法律规定故意污染环境、破坏生态造成严重后果

C. 侵权人污染环境、破坏生态

D. 侵权人故意污染环境、破坏生态

6. 因第三人的过错致使动物造成他人损害的，关于侵权责任的承担，下列哪一说法是错误的？（　　）

A. 被侵权人可以向动物饲养人请求赔偿

B. 被侵权人可以向第三人请求赔偿

C. 被侵权人可以向管理人请求赔偿

D. 动物饲养人或者管理人赔偿后，无权向第三人追偿

7. 在公共道路上堆放、倾倒、遗撒妨碍通行的物品造成他人损害的，关于侵权责任的承担，下列哪一说法是错误的？（　　）

A. 行为人应当承担侵权责任

B. 公共道路管理人不能证明已经尽到清理义务的，应当承担相应的责任

C. 公共道路管理人不能证明已经尽到防护义务的，应当承担相应的责任

D. 公共道路管理人已经尽到警示义务的，可以减轻其责任

4. B，解析：《民法典》第 1224 条规定，患者在诊疗活动中受到损害，有下列情形之一的，医疗机构不承担赔偿责任：（1）患者或者其近亲属不配合医疗机构进行符合诊疗规范的诊疗；（2）医务人员在抢救生命垂危的患者等紧急情况下已经尽到合理诊疗义务；（3）限于当时的医疗水平难以诊疗。前款第 1 项情形中，医疗机构或者其医务人员也有过错的，应当承担相应的赔偿责任。
5. B，解析：《民法典》第 1232 条规定，侵权人违反法律规定故意污染环境、破坏生态造成严重后果的，被侵权人有权请求相应的惩罚性赔偿。
6. D，解析：《民法典》第 1250 条规定，因第三人的过错致使动物造成他人损害的，被侵权人可以向动物饲养人或者管理人请求赔偿，也可以向第三人请求赔偿。动物饲养人或者管理人赔偿后，有权向第三人追偿。
7. D，解析：《民法典》第 1256 条规定，在公共道路上堆放、倾倒、遗撒妨碍通行的物品造成他人损害的，由行为人承担侵权责任。公共道路管理人不能证明已经尽到清理、防护、警示等义务的，应当承担相应的责任。

8. 在公共场所或者道路上挖掘、修缮、安装地下设施等造成他人损害的，关于侵权责任的承担，下列哪一说法是正确的？（　　）

A. 施工人应当承担侵权责任

B. 施工人不能证明已经设置明显标志和采取安全措施的，应当承担侵权责任

C. 施工人已经设置明显标志和采取安全措施的，应当减轻其责任

D. 地下设施造成他人损害，管理人应当承担侵权责任

三、多项选择题

1. 因产品缺陷危及他人人身、财产安全的，被侵权人有权请求生产者、销售者承担下列哪些侵权责任？（　　）

A. 停止侵害　　B. 排除妨碍

C. 返还财产　　D. 消除危险

2. 下列哪些情形下，被侵权人有权请求相应的惩罚性赔偿？（　　）

A. 明知产品存在缺陷仍然生产、销售

B. 明知产品存在缺陷仍然生产、销售，造成他人死亡或者健康严重损害

C. 因产品存在缺陷，没有采取有效补救措施

D. 因产品存在缺陷，没有采取有效补救措施，造成他人死亡或者健康严重损害

3. 盗窃人、抢劫人或者抢夺人与机动车使用人不是同一人，发生交通事故造成损害，属于该机动车一方责任的，下列哪些主体应当承担连带赔偿责任？（　　）

A. 盗窃人　　B. 抢劫人

C. 抢夺人　　D. 机动车使用人

8. B，解析：《民法典》第 1258 条规定，在公共场所或者道路上挖掘、修缮、安装地下设施等造成他人损害，施工人不能证明已经设置明显标志和采取安全措施的，应当承担侵权责任。窨井等地下设施造成他人损害，管理人不能证明尽到管理职责的，应当承担侵权责任。

三、多项选择题

1. ABD，解析：《民法典》第 1205 条规定，因产品缺陷危及他人人身、财产安全的，被侵权人有权请求生产者、销售者承担停止侵害、排除妨碍、消除危险等侵权责任。
2. BD，解析：《民法典》第 1207 条规定，明知产品存在缺陷仍然生产、销售，或者没有依据前条规定采取有效补救措施，造成他人死亡或者健康严重损害的，被侵权人有权请求相应的惩罚性赔偿。
3. ABCD，解析：《民法典》第 1215 条第 1 款规定，盗窃、抢劫或者抢夺的机动车发生交通事故造成损害的，由盗窃人、抢劫人或者抢夺人承担赔偿责任。盗窃人、抢劫人或者抢夺人与机动车使用人不是同一人，发生交通事故造成损害，属于该机动车一方责任的，由盗窃人、抢劫人或者抢夺人与机动车使用人承担连带责任。

4. 因药品、消毒产品、医疗器械的缺陷，或者输入不合格的血液造成患者损害的，患者可以向下列哪些机构请求赔偿？（　　）

A. 药品上市许可持有人　　B. 生产者

C. 血液提供机构　　D. 医疗机构

5. 下列哪些材料属于医疗机构及其医务人员应当按照规定填写并妥善保管的病历资料？（　　）

A. 住院志　　B. 手术及麻醉记录

C. 护理记录　　D. 医嘱单

6. 堆放物倒塌、滚落或者滑落造成他人损害的，关于侵权责任的承担，下列哪些说法是错误的？（　　）

A. 堆放人有过错的，应当承担惩罚性赔偿责任

B. 堆放人无过错的，可以减轻其责任

C. 堆放人无论是否有过错，均应承担侵权责任

D. 堆放人不能证明自己没有过错的，应当承担侵权责任

四、填空题

1. 因产品存在缺陷造成他人损害的，被侵权人____向产品的生产者请求赔偿，____向产品的销售者请求赔偿。产品缺陷由生产者造成的，销售者赔偿后，有权向生产者____。因销售者的过错使产品存在缺陷的，生产者赔偿后，有权向销售者____。

2. 因产品缺陷危及他人人身、财产安全的，被侵权人有权请求生产者、销售者承担____等侵权责任。

3. ____产品存在缺陷仍然生产、销售，或者____依据前条规定采取有效补救措施，造成他人____或者____的，被侵权人有权请求相应的惩罚性赔偿。

4. 以挂靠形式从事道路运输经营活动的机动车，发生交通事故造成损害，属于该机动车一方责任的，由____和____承担____责任。

4. ABCD，解析：《民法典》第1223条规定，因药品、消毒产品、医疗器械的缺陷，或者输入不合格的血液造成患者损害的，患者可以向药品上市许可持有人、生产者、血液提供机构请求赔偿，也可以向医疗机构请求赔偿。患者向医疗机构请求赔偿的，医疗机构赔偿后，有权向负有责任的药品上市许可持有人、生产者、血液提供机构追偿。
5. ABCD，解析：《民法典》第1225条规定，医疗机构及其医务人员应当按照规定填写并妥善保管住院志、医嘱单、检验报告、手术以及麻醉记录、病理资料、护理记录、医疗费用等病历资料。患者要求查阅、复制前款规定的病历资料的，医疗机构应当及时提供。
6. ABC，解析：《民法典》第1255条规定，堆放物倒塌、滚落或者滑落造成他人损害，堆放人不能证明自己没有过错的，应当承担侵权责任。

四、填空题

1. 可以；也可以；追偿；追偿。(《民法典》第1203条)
2. 停止侵害、排除妨碍、消除危险。(《民法典》第1205条)
3. 明知；没有；死亡；健康严重损害。(《民法典》第1207条)
4. 挂靠人；被挂靠人；连带。(《民法典》第1211条)

5. 医务人员在诊疗活动中未尽到与____的医疗水平相应的诊疗义务，造成患者损害的，医疗机构____承担赔偿责任。
6. 占有或者使用易燃、易爆、剧毒、高放射性、强腐蚀性、高致病性等高度危险物造成他人损害的，____或者____应当承担侵权责任；但是，能够证明损害是因____或者____造成的，不承担责任。被侵权人对损害的发生有____的，____减轻占有人或者使用人的责任。
7. 遗失、抛弃高度危险物造成他人损害的，由____承担侵权责任。所有人将高度危险物交由他人管理的，由____承担侵权责任；所有人有过错的，与管理人承担____责任。
8. 因林木折断、倾倒或者果实坠落等造成他人损害，林木的所有人或者管理人____自己没有过错的，____承担侵权责任。

五、简答题

1. 简述《民法典》规定的医务人员在诊疗活动中的说明义务和患者的知情同意权。
2. 简述《民法典》关于建筑物、构筑物或者其他设施倒塌、塌陷致害责任的规定。

5. 当时；应当。(《民法典》第 1221 条)
6. 占有人；使用人；受害人故意；不可抗力；重大过失；可以。(《民法典》第 1239 条)
7. 所有人；管理人；连带。(《民法典》第 1241 条)
8. 不能证明；应当。(《民法典》第 1257 条)

五、简答题

1. 答：根据《民法典》第 1219 条的规定，医务人员在诊疗活动中应当向患者说明病情和医疗措施。需要实施手术、特殊检查、特殊治疗的，医务人员应当及时向患者具体说明医疗风险、替代医疗方案等情况，并取得其明确同意；不能或者不宜向患者说明的，应当向患者的近亲属说明，并取得其明确同意。医务人员未尽到前款义务，造成患者损害的，医疗机构应当承担赔偿责任。

   根据《民法典》第 1220 条的规定，因抢救生命垂危的患者等紧急情况，不能取得患者或者其近亲属意见的，经医疗机构负责人或者授权的负责人批准，可以立即实施相应的医疗措施。
2. 答：根据《民法典》第 1252 条的规定，建筑物、构筑物或者其他设施倒塌、塌陷造成他人损害的，由建设单位与施工单位承担连带责任，但是建设单位与施工单位能够证明不存在质量缺陷的除外。建设单位、施工单位赔偿后，有其他责任人的，有权向其他责任人追偿。因所有人、管理人、使用人或者第三人的原因，建筑物、构筑物或者其他设施倒塌、塌陷造成他人损害的，由所有人、管理人、使用人或者第三人承担侵权责任。

图书在版编目（CIP）数据

民法典知识题集：企业专用版 /《民法典知识题集》编写组编 . —北京：中国法制出版社，2021.6
ISBN 978 - 7 - 5216 - 1945 - 4

Ⅰ. ①民… Ⅱ. ①民… Ⅲ. ①民法 - 中国 - 习题集 Ⅳ. ①D923 - 44

中国版本图书馆 CIP 数据核字（2021）第 106142 号

策划统筹　潘环环　刘海龙
责任编辑　黄丹丹　　封面设计　周黎明

民法典知识题集：企业专用版
MINFADIAN ZHISHI TIJI：QIYE ZHUANYONG BAN

编/《民法典知识题集》编写组
经销/新华书店
印刷/三河市国英印务有限公司
开本/880 毫米×1230 毫米　32 开　　印张/ 7.5　字数/ 121 千
版次/2021 年 6 月第 1 版　　2021 年 6 月第 1 次印刷

中国法制出版社出版
书号 ISBN 978 - 7 - 5216 - 1945 - 4　　定价：28.00 元

北京西单横二条 2 号
邮政编码 100031　　传真：010 - 66031119
网址：http：//www.zgfzs.com　　**编辑部电话：010 - 66066324**
市场营销部电话：010 - 66033393　　**邮购部电话：010 - 66033288**

（如有印装质量问题，请与本社印务部联系调换。电话：010 - 66032926）